走近诚信：诚信故事伴我行

李世平 ◎ 主编

李文亮　王妍　潘红星　徐雪君 ◎ 副主编

立信会计出版社

图书在版编目(CIP)数据

走近诚信：诚信故事伴我行 / 李世平主编. —上海：立信会计出版社，2022.3
ISBN 978-7-5429-6679-7

Ⅰ.①走… Ⅱ.①李… Ⅲ.①社会公德教育—中学—教学参考资料 Ⅳ.①G631.6

中国国家版本馆 CIP 数据核字(2023)第 037151 号

策划编辑　窦瀚修
责任编辑　彭秋龙
美术编辑　吴博闻

走近诚信：诚信故事伴我行

出版发行	立信会计出版社			
地　　址	上海市中山西路 2230 号	邮政编码	200235	
电　　话	(021)64411389	传　真	(021)64411325	
网　　址	www.lixinaph.com	电子邮箱	lixinaph2019@126.com	
网上书店	http://lixin.jd.com		http://lxkjcbs.tmall.com	
经　　销	各地新华书店			
印　　刷	江苏凤凰数码印务有限公司			
开　　本	710 毫米×1000 毫米　　1/16			
印　　张	11			
字　　数	169 千字			
版　　次	2022 年 3 月第 1 版			
印　　次	2022 年 3 月第 1 次			
书　　号	ISBN 978-7-5429-6679-7/G			
定　　价	48.00 元			

如有印订差错，请与本社联系调换

本书系大中小学诚信教育一体化建设成果

编委会

主　编：李世平

副主编：李文亮　王　妍　潘红星　徐雪君

编　委：马经纬　王辛月　邓　敏　刘健凡
　　　　杨怡沁　张燕媚　陈朦朦　郑　嫣
　　　　施　雯　钱灵杰　倪欣洁

序 言

"不宝金玉,而忠信为宝"。诚信,是中华民族的传统美德。千百年来,"一诺千金"的佳话不绝于史,"一言九鼎"的故事广为流传。诚信早已融入民族文化的血脉,成为文化基因中不可或缺的重要一环。诚信,是社会主义精神文明建设的道德源泉,是我国当代道德体系的基础和根本价值取向,更是社会主义核心价值观个人层面的重要组成部分。

少年儿童是祖国的未来和民族的希望,引导少年儿童"学习和传承中华民族传统美德,学习和弘扬社会主义新风尚,热爱生活,懂得感恩,与人为善,明礼诚信,争当学习和实践社会主义核心价值观的小模范",事关担当民族复兴大任的时代新人的培养与锻造,事关美好生活和美丽中国梦的缔造与实现。

百年大计,教育为本,以"诚"筑"教",无往不利。近年来,教育部通过推动中小学思政课改革创新,建立健全师德师风建设长效机制,完善国家助学贷款政策等一系列举措,为诚信教育、社会信用教育保驾护航。作为全国高校诚信文化育人联盟理事长单位,上海立信会计金融学院以"诚信美德"为楫桨,大力推动大中小学联动的诚信文化育人体系建设,努力发挥诚信教育"中央厨房"功能,为处于人生起步期的少年儿童烹制"诚信美餐"。

学校紧紧围绕立德树人根本任务,紧扣义务教育阶段学生特点,组建由学校诚信教育教学专家组与上海市澄衷高级中学、上海立信会计金融学院附属学校育人专家共同构成的大中小学诚信文化育人专班,将高校构建诚信教育"合围之势"的经验与成果充分融入中小学教育教学实践,在传承中华优秀传统文化、借鉴世界优秀文明成果的基础上,编写《寻迹诚信:诚信知识知多少》和《走近诚信:诚信故事伴我行》两册诚信教育读本。读本将以介绍诚信文化器物、讲好诚信故事等方式为少年儿童搭建诚信文化体验平台,帮助学生在走近诚信人物、了解诚信历史、领略诚信文化的过程中,提升人文素养、恪守诚信品质,引导学生在诚信情感浸润、诚信理论认知和诚信行为践行的协调统一中,成长为明大德、守公德、严私德的社会主义建设者和接班人。

让我们共同打开这套凝聚着大中小学教育工作者育人热忱的诚信读本,赓续诚信血脉,筑牢诚信基石,让诚信的力量不断生长!

李世平

2022年1月

目 录

诚信修身篇

孔子谈为学的态度 ………………………………… 2

季札挂剑 …………………………………………… 5

季布一诺千金 ……………………………………… 8

鉴兴衰司马迁著《史记》 ………………………… 10

皇甫绩守信求责 …………………………………… 13

晏殊诚信应试 ……………………………………… 16

宋濂守信好学 ……………………………………… 19

诚信是创业的根基 ………………………………… 21

李达三诚信助学 …………………………………… 24

一场没有答案的考试 ……………………………… 27

大锤砸出了名企 …………………………………… 30

500万元买不动的诚信 …………………………… 33

一句承诺一生守候 ………………………………… 35

农民工"炒"掉黑心老板 ………………………… 38

"大庆新铁人"李新民 …………………………… 41

一个15岁女孩的还钱承诺 ………………………… 45

"校长妈妈"张桂梅:燃烧自己,点亮梦想 …… 49

"不帮乡亲们拔掉穷根,决不罢休!" ………… 52

生命,为祖国澎湃 ………………………………… 56

诚信修身篇总结 …………………………………… 59

诚信体验活动 ……………………………………… 61

诚信齐家篇

- 曾子杀彘 ······ 66
- 破镜重圆 ······ 68
- 刘庭式娶盲女 ······ 71
- 姚母教子 ······ 74
- 信义兄弟 ······ 77
- 守住心底那杆"良心秤" ······ 80
- 最美儿媳带公公改嫁 ······ 83
- 百年义渡 ······ 86
- 守边护边的"帕米尔雄鹰" ······ 90
- 诚信齐家篇总结 ······ 94
- 诚信体验活动 ······ 96

诚信治国篇

- 周幽王烽火戏诸侯 ······ 100
- 周郑交质 ······ 102
- 齐桓公守信成霸业 ······ 105
- 晋文公退避三舍 ······ 108
- 穰苴斩监 ······ 111
- 商鞅立木为信 ······ 115
- 燕昭王以信招才 ······ 117
- 张释之执法 ······ 120
- 唐太宗的诚信治国之道 ······ 122
- 苏定方信存都曼 ······ 124
- 诚信治国篇总结 ······ 126
- 诚信体验活动 ······ 128

诚信天下篇

拿破仑的玫瑰诺言	132
康德准时赴约	135
石币之岛	138
信誉的债务	141
安达信：一个会计师事务所帝国的覆灭	144
三菱汽车公司隐瞒汽车缺陷事件	147
一个乘客的航班	150
两瓶酒毁掉一位部长	153
在"无人超市"体验美式信用	156
哈佛大学的诚信观	159
诚信天下篇总结	163
诚信体验活动	165

诚 信
修 身 篇

孔子谈为学的态度

《论语》主要是记载孔子言行的一本书,同时也记载了其门下弟子的言论,是了解和学习中国传统文化最基本的一本书。2 000多年来,《论语》流传广泛,影响深远。《论语》里曾多次提到关于诚信的问题,如"吾日三省吾身,为人谋而不忠乎?与朋友交而不信乎?""人而无信,不知其可也"等。

在教育弟子方面,孔子始终把诚信为学放在非常重要的位置。孔子曾经对仲由(字子路)这样说道:"仲由啊,我教给你如何求知吧!知道就是知道,不知道就是不知道,这才是真正的智慧。"这里孔子说出了一个深刻的道理:知之为知之,不知为不知,是知也。后世用这句话来提醒人们,要用诚实的态度对待知识问题,来不得半点虚伪和骄傲。

还有一次,子路穿着华丽的衣服拜见孔子。孔子说:"仲由,你为什么穿这么华丽的衣服呢?长江刚流出岷山的时候,只有很小的水流,只能浮起酒杯,等到了江津之时,人们不乘船、不避开风浪就不能渡过,不就是下游的水流盛大的原因吗?如今你穿着华丽的衣服,颜色这么鲜艳,天下的人谁还会把你的过错告诉你呢?"于是子路快步走了出去,换了一套衣服又回来拜见孔子。孔子说:"仲由,你记住,夸夸其谈的人华而不实;喜欢表现的人热衷于向人夸耀;有点能力和小聪明就表现在脸上,这是小人的作风。因此君子知之为知之,这是说话的关键,不能为不能,这是行为的准则。做到知之为知之,是智也;做到不能为不能,是仁也。既有智慧又有仁德,哪里还会有不足之处呢?"

子路性情刚直,好勇尚武,孔子对他启发诱导,设礼以教。子路接受孔子的劝导,此后担任卫国大夫孔悝的蒲邑宰,以政事见称,任期内开挖沟渠,救穷济贫,政绩突出,辖域大治。可见子路的突出成就与学习孔子为学的态度有很大关系。

案例解读

在孔子和弟子的对话中,我们能感受到孔子严肃但又语重心长的告诫:

为学求知就是讲诚信,实事求是。知道的就是知道,不知道的切莫强以为知,来不得半点虚假。为学求知是一个漫长而艰苦的过程,最需要的就是扎实,绝不能投机取巧。尊重事实,才是智慧的表现。要正确看待和认识自己对于知识的态度,千万不能为了争面子、重虚名。

本案例虽然是孔子教诲子路对待知识的态度,其实也可以视为做人的准则。虽然我们对于身边的事物会有一定程度上的认知,但更多的却是不明原理的未知。只是对于普通人来说,已知与未知之间有着一个不易辨别的界限,只有准确地掌握了这个界限,才能正确地认识自己,理性地看待事物,合理地处理问题。如果原本没有掌握的知识,自己依然不清楚,按照自己想象的样子去处理,就必然会导致更大的问题发生;如果知道自己不知道,却为了名声还是假装一副知悉明了的样子,这样虽然可以欺骗别人,却是自己失德的表现,也必然不能长久。

在此篇之中,孔子主张"知之为知之,不知为不知",既是要告诫弟子必须严谨地对待学问,又是提醒子路在做人、做事上必须要有一颗诚实的心。毕竟对于很多人来说,想要让他承认自己在某一方面的缺失是一件很难的事情,特别是当这件事情还涉及自己切身利益的时候,就会更加考验一个人的品德。

延伸思考

对待知识和学习,我们要真诚。我们要经常自省,坦承自己所不知道的,以真诚的态度求知,才能日有进步。一个人坦承自己的无知,往往正是真知的开始。世界著名物理学家、诺贝尔物理学奖的获得者丁肇中教授在为南京航空航天大学师生作学术报告时,面对同学提问而"三问三不知":"您觉得人类在太空能找到暗物质和反物质吗?""不知道。""您觉得您从事的科学实验有什么经济价值吗?""不知道。""您能不能谈谈物理学未来20年的发展方向?""不知道。"三问三不知!这让在场的所有同学意外,但接着全场响起经久不息的掌声。当然,丁肇中教授大可不必说"不知道",他可以用一些专业性很强的术语糊弄过去,也可以说一些不着边际的话搪塞过去。但是,这位诺贝尔奖得主却选择了最老实、最坦诚的回答方式,而且表情自然、诚恳,没有明知不说的矫揉造作,没有故弄玄虚,也绝没有"卖关子"。丁

教授坦言"不知道",不但无损于他的科学家形象,更显示了他对知识的敬畏。

同学们,你们是否被孔子几千年前诚心求知的学习态度所打动呢?是否有时候会因好面子而在课堂上不懂装懂呢?在我们日常的学习、工作和生活之中,除了加强学习,还要注重修心。而修心的关键,就是学习孔子对待"知"的态度和方法。只有这样,才能在增强知识、增长智慧的同时,提升自己的道德品质。

参考文献

[1] 李世平.诚信故事100例[M].上海:立信会计出版社,2017.

[2] 华裔诺奖得主丁肇中:一问三不知,却率领中国学生进军科技前沿[EB/OL].(2020-11-07)[2021-01-10]. https://mp.weixin.qq.com/s?__biz=MzA4MjI5MjYzMg==&mid=2649866875&idx=1&sn=6a70b253c9fe13334f676cb1ef5d4b28&scene=58&subscene=0.

季札挂剑

季札,春秋时吴国人。公元前544年,季札受命访问鲁国,他带着随行人员从吴都出发。当途经徐国地界时,季札等人看到徐国人民安居乐业,不禁暗暗称赞:"徐国的国君向来以仁义闻名于天下,今日看来,果然名不虚传。"于是他临时决定去拜访徐君,倾吐仰慕之情。徐国的国君早就对季札的贤名有所耳闻,如今得知他特来拜访,心中自然特别高兴,急忙命人设宴盛情相待。两个人相谈甚欢,徐君看到了季札身佩的宝剑,脸上露出了非常喜欢的表情,几次欲言又不便启齿。聪明的季札当然看出了徐君的心思,欲将宝剑赠送给徐君。不过季札忽然想到,佩带宝剑出使别国,是对别国的一种尊重,更是一种礼节,如果现在将宝剑赠予徐君,那么对鲁国岂非大大不敬?想到这儿,季札打消了当场把剑赠与徐君的念头,不过他已经在心里许诺:等出使鲁国归来,一定把剑赠送给徐君。

辞别徐君,季札又带着一行人向鲁国出发。到鲁国后,季札也受到了鲁君的热情招待。在鲁国的一年多时间里,季札始终没有忘记自己心里曾对徐君做出的承诺。当他返程再次路过徐国国界时,他决定兑现自己的诺言,将宝剑赠送给徐君。可是他却听到了一个十分不幸的消息:徐君已经去世了。对此,季札感到十分悔恨和悲痛,他解下宝剑,将其挂在徐君墓前的柳树上。季札的做法受到了徐国人的称赞。人们还编了一首歌来歌颂季札:"延陵季子兮不忘故,脱千金之剑兮带丘墓。"从此,"季札挂剑"的故事被广为流传。

案例解读

这则故事来源于刘向所撰的《新序·杂事》。季札作为吴国国君之子,在受到徐君的盛情款待时报以真诚的感谢,毫不吝啬地要将宝剑赠予对方,以答谢徐君的深情厚谊,可谓有君子之风。虽然由于使命在身不能即刻赠出宝剑,但是他未曾改变将宝剑赠予徐君的坚定决心。友人身故之后,是否履行承诺在常人看来已没有实际区别;更不用说这一承诺并未诉诸人前,即使季札未能遵守,也不会对他的名望与身份有任何不利,而他仍能坚定地信守承诺。由此可见,承诺不仅是要做到应允他人的事情,而且要信守与自己所做的约定;诚信的力量不仅来源于外界的舆论,更来源于一个人对自己内在道德与品格的期许。因此,我们可以这样说,对自己诚信才是真正的诚信。而是否真正践行诚信,也只有我们的本心能够辨别。季札正是因为遵从本心的诚信,而不是将守信当作获取名望、利益的工具,才获得了世人由衷的称赞与敬仰。

延伸思考

明代浙江上虞有一个读书人,名叫俞绘。他从小家境贫寒,但为人忠厚,学习刻苦。经过十年苦读,俞绘最终取得了参加会试的资格。由于家境贫寒,赴京赶考的盘缠还是族人慷慨解囊凑齐的。天有不测风云,他在沛县住客店时,盘缠竟被偷窃一空。其他客人都对俞绘表示同情,却又无能为力。细心的客店老板得知俞绘是从上虞县前来赶考的,忽然想起沛县的冯县令也是上虞县人,于是建议俞绘去求助。走投无路的俞绘没有其他办法,只好抱着碰运气的心态去试试。当他见到冯县令这位老乡时,俞绘的泪水不觉涌出。冯县令问明事情缘由,觉得俞绘是个忠厚老实的人,便取出十两银子赠予俞绘。俞绘感激不尽,说:"多谢恩人对晚生如此信任,自当终生铭记!晚生还是留一张借据吧,日后定要奉还。"冯县令婉言拒绝了,并亲自将俞绘送到门外。俞绘一拜再拜,含泪作别。后来俞绘被录取为贡士,到离沛县千里之遥的歙县任职。俞绘心里无日不记挂着欠冯县令的十两银子。三年任期满后,俞绘有机会返乡探亲了。他专程赶往沛县,诚心地去拜访冯县令,并奉还所借的银子。谁知,俞绘一到沛县就听说冯县令早已病故,不由得悲伤万分。但俞绘仍未忘记恩人,也未忘记自己的承诺,走到冯县令的坟前拜别,同时留下借银。

后来,俞绘官至教谕。他晚年在家乡开办了一家理学馆。馆里有他儿子的讲学堂,父子二人教导乡人要讲诚信,做真君子。

俞绘千里还银的故事来源于朱国祯所撰的《涌幢小品》。俞绘在没有任何人监督且没有任何凭据约束的情况下,能够自觉维护信用,主动归还当年所借的银子,真不愧是一位信义君子。尽管季札与俞绘所处的时代不同,却都能遵从自己的本心,诚信待人。作为当代中学生,我们需要在学习生活中保持这种慎独的精神,遵从自己内心的诚信。

参考文献

[1] 朱国祯. 涌幢小品[M]. 上海:上海古籍出版社,2013.

季布一诺千金

季布是秦末楚地人,他为人仗义。楚地流传着"得黄金百,不如得季布一诺"的谚语,而"一诺千金"这个成语正是由此而来的。季布原本是项羽手下的一名大将,他骁勇善战,曾经好几次使汉王刘邦陷入险境。项羽兵败后,刘邦曾下令缉拿季布。季布一直在民间颠沛流离,被缉拿时,他正躲在濮阳一个周姓人家里。周先生对季布说:"朝廷要缉拿你,我现在有一个计策,希望您听我一言,否则我便死在您面前。"季布同意了。于是周先生剃去了季布的头发,给季布披上粗布麻衣,把季布和几十个奴仆一起卖给了一位姓朱的大侠。朱大侠曾听说过季布的事迹,十分欣赏季布,并要求全家上下不可怠慢他。之后,朱大侠拜访了汝阴侯滕公。两人在喝酒吃饭间,滕公感慨道:"想当年,季布是项羽的一名大将,骁勇善战,一诺千金,并且精通军事战术,有好几次险些要了皇上的命,皇上自然对他心生怨恨。在项羽战败后,皇上自然要找他算账了。可惜啊!季布是一个不可多得的人才啊!这也不是季布的错呀,做部下的自然要誓死效忠,围攻皇上是他的职责所在。"朱大侠连连点头表示赞许,他希望滕公找个机会劝劝皇上,滕公答应了。滕公向刘邦讲述了自己对季布的看法,于是刘邦赦免了季布,还封他做了郎中,季布因此还向刘邦认罪道谢。当时不少朝臣和百姓都称赞季布是一个能屈能伸的大丈夫。

刘邦死后,汉惠帝继位。作为汉朝的大臣,季布常常直言进谏,从未隐藏过任何私心。北方的匈奴一直威胁着汉王朝。在被匈奴写信侮辱之后,吕后勃然大怒,连夜召集各路名将商议讨伐匈奴之事。樊哙表示自己愿意带领十万兵马横扫匈奴,朝中大臣为了迎合吕后,纷纷表示赞同此项提议。只有季布站出来说道:"万万不可!当年先皇率领四十万大军,依旧被匈奴包围,樊哙怎能仅凭十万大军横扫匈奴?实在是太荒谬了!如今战争的创伤还没有平复,如果再添战乱,只会使天下动荡,民不聊生!樊哙应该从大局考虑,切不可为了阿谀奉承而夸下海口!"朝中大臣听闻此言都惊恐无比,但吕后认为季布说的有道理,于是放弃了讨伐匈奴。

案例解读

这个故事来源于司马迁所撰的《史记·季布栾布列传》。刘邦要缉拿季布，最后却放弃诛杀季布并赐予其职位；吕后出于国家利益考虑，未降罪于季布，反而听从了他诚实而大胆的谏言。可见，君王真正欣赏的正是骁勇善战、一诺千金的军士，因为这样的人才会摒除个人利益，为国家开疆拓土，使国家繁荣昌盛。那些欺骗他人的人最终会受到惩罚，他们也许会得利于一时，但终究逃不过真相显现时为人所不齿的命运。一个人诚实守信，他的话自然有分量，即使是敌人与对手，也会对他诚信的品格感到由衷的敬佩与欣赏。因此，如果想要得到他人的帮助、信任，诚实守信是捷径。在人与人之间的交往中，一个言而有信的人必定会被朋友所尊重。一个言而无信的人必然会自毁声誉。诚信是立人之本，人若不讲信用，在社会上就无立足之地。

延伸思考

陈纪，字元方，东汉时期人。有一天，他的父亲陈太丘约了一位朋友一起外出。两人约定的时间是中午，可是已经过了正午，那位朋友还没有来，陈太丘就自己先走了。不料陈太丘刚走，他的朋友就来了。陈太丘的儿子陈元方正在门外玩耍，陈太丘的朋友问元方："令尊大人在吗？"元方回答道："家父等了您好久，您却没有来，他只好自己先走了。"陈太丘的朋友自己失约反倒生气了，说："这样做可不是君子的行为呀，和朋友相约一起出行，自己却走了。"小元方看了看这位朋友，从容地驳斥对方说："叔叔，您与我父亲相约的时间是正午，可到了正午，您却没有到，我认为您这样才是不讲信用的行为。再说您当着一个孩子的面责骂他的父亲，多失礼呀！"陈太丘的朋友望着元方目瞪口呆，想不到小小年纪的元方竟能讲出诚信的道理来。

我们一定要明白，承诺的分量虽重，但承诺从来不是为了压垮一个人，反而是为了使那些经受承诺考验的人快速成长。他们会懂得什么叫作责任，什么叫作信任，什么叫作使命与担当。

鉴兴衰司马迁著《史记》

陈寿曾在《三国志》中记载了魏明帝和王肃之间关于司马迁撰写《史记》时是否贬低汉武帝的对话。王肃，字子雍，黄初年间担任散骑黄门侍郎。魏明帝曾这样问王肃："司马迁因李陵事件惹怒汉武帝而遭受宫刑，其内心十分怨恨，所以司马迁在写《史记》时，没有采取史官写史书的中立态度，对待汉武帝的评价是贬低、指责的，真是让人痛恨、厌恶啊！"王肃答道："司马迁著《史记》时，从来没有虚假地赞美过谁，也没有隐瞒过谁的罪行，汉武帝听说司马迁写《史记》，就向司马迁索取关于汉景帝以及自己的本纪看。看完之后，汉武帝勃然大怒，命人削去竹简上的字迹，并且把它们扔去焚烧。一直到现在，《史记》中的这两篇本纪只有目录，没有内容。后来司马迁为李陵辩护，因仗义执言、敢说真话而触怒了汉武帝，在狱中被施以宫刑。这就说明心怀怨恨的是汉武帝，而不是司马迁。司马迁作为一个史官，他的职责就是真实地记录历史。写史书最重要的就是真实，是非黑白来不得半点虚假，否则就是对后人的欺骗和愚弄。司马迁这种不畏强权、坚持诚实的史官节操，是非常令人欣赏的。"

当时，李陵在对抗匈奴的战争中，一开始取得了一定的战功。但不久之后，李陵的军队被8万敌军包围，苦苦作战近半个月，直至弹尽粮绝。最终，李陵在万般无奈之下做了俘虏。消息传到朝廷，群臣上下都在骂李陵没有骨气，而司马迁却认为，李陵将军以如此少量的兵力对抗敌方的8万大军，消灭的敌人不计其数，已属不易，他的投降是万般无奈，而不是有意叛变。听了司马迁的话，汉武帝认为司马迁有意为李陵开脱罪责，最终对司马迁实施了非常残忍而耻辱的宫刑。

司马迁对汉武帝不可能一点怨气都没有，而写史书正是考验道德节操的时候。他用历史的观点看待汉武帝，一方面认为汉武帝在处理自己这桩事情上肯定是不对的，另一方面也承认汉武帝是历史上最伟大的君王之一。司马迁如实记录了汉武帝的光辉事迹。

案例解读

司马迁是中国古代著名的史学家和文学家,他撰写的《史记》是中国古代纪传体通史的典范,被鲁迅先生称为"史家之绝唱,无韵之离骚",在史学和文学上都有很高的成就。在司马迁的父亲司马谈去世之后,司马迁秉承父志,当了一名史官。司马迁在记录历史的过程中敢于讲真话,不阿谀奉承,记录史实时摒除个人好恶,根据历史事实来写史。班固曾这样赞扬司马迁的《史记》:"其文直,其事核,不虚美,不隐恶,故谓之实录。"《史记》是一部记载范围广阔的历史著作,深刻地展现了当时的社会生活,其"不隐善、不讳恶"的实录精神具有划时代的进步意义,为后世史传书写奠定了深厚的精神基础。司马迁就事论事、就人论人,在评价历史人物时,客观真实地运用历史辩证唯物主义,讲清楚历史事实,不以个人的眼光来评判历史。史书的撰写,不仅需要史官具有良好的写作能力,更需要其具有正人君子的品德和广阔的胸襟。正是因为这样,司马迁的《史记》才会流传千古。值得一提的是,汉武帝也深知司马迁的品格,在司马迁出狱之后,汉武帝让他担任中书令,继续撰写《史记》,使他有机会完成这部恢宏巨著。

在司马迁著史的过程中,我们可以明显感受到诚实所具有的深沉力量。在受到种种不公平的对待之后,司马迁仍能不计个人之荣辱,以正直之笔书写客观真实的历史事件。这种超然独立的诚信精神与《史记》文本一样,对历史长河中每个独立的个体都具有重要意义。

 延伸思考

文天祥的《正气歌》将"在齐太史简,在晋董狐笔"作为天地间正气的表现之一。我们再来了解另一位秉笔直书的史官——董狐。春秋时期的晋灵公昏庸残暴,杀人如麻。卿大夫赵盾好言劝说晋灵公,可晋灵公不但没有虚心接受,反而一直想处死赵盾。有一天,晋灵公设下了一个局,想要杀死赵盾。武艺高强的赵盾勉强逃出来后,被迫流亡。后来,赵盾的一个亲戚找机会杀死了晋灵公,并且新立了君王,赵盾也官复原职。当时,董狐负责写晋史。赵盾找机会查看了那段史书的记载,看完之后非常生气。根据古代的观点,杀君是不忠不义的表现,即使君王再昏庸,也不能杀,所以谁也不想承担弑君的罪名。赵盾想让董狐修改历史,董狐严肃地说:"丢脑袋对我来说是小事,但是丢掉史官的节操就是大事了。"

董狐和司马迁一样,不畏权势,坚持直书,是后人的楷模。中学生在平时写作中要写真事,说真话,切忌学术造假与抄袭剽窃,做个"写真事,做真人"的读书人。

参考文献

［1］李世平.诚信故事100例[M].上海:立信会计出版社,2017.

皇甫绩守信求责

皇甫绩是隋代人,曾担任豫州、苏州刺史,他的父亲和祖父都是北魏的官员。出生在官僚家庭,皇甫绩的幼年生活本该衣食无忧。可不幸的是,他的父亲在他3岁时就病逝了,母亲只好带着皇甫绩回娘家生活。由于皇甫绩的外祖父韦孝宽的整个家族中孩子特别多,韦孝宽索性在家中开办了一所学堂,请专门的教师给孩子们讲课。于是,皇甫绩和众多表兄们一起在学堂学习。

皇甫绩的外祖父韦孝宽非常严厉,如果发现哪个儿孙不认真学习,一定会严厉处罚。他甚至立下了家法:谁如果学习偷懒,就要被打三十大板。

有一天,老师讲完课,布置完作业就回家了。皇甫绩和表兄们见老师不在,于是凑在一起快乐地玩耍起来,他们有的下棋,有的赛跑,别提有多高兴了。时间在不知不觉间流逝,一直到晚上,孩子们都没有完成老师布置的作业。

第二天,这件事被韦孝宽知道了。韦孝宽勃然大怒,赶忙把儿孙们全部叫过来批评了一顿。之后韦孝宽又按自己以前定下的家法,没完成作业的人都被打三十大板。只见表兄们身上鲜血淋漓,疼得哇哇直哭。皇甫绩见此情景,羞愧得低下了头,不知所措地摆弄着自己的衣角。韦孝宽轻轻走过去,叹了口气,怜爱地对皇甫绩说道:"你还这么年幼,又早早失去了父亲,外公真的舍不得打你。但是你一定要记住,学习来不得半点偷懒和虚假,否则你将一事无成,将来怎么做大事,怎么报效国家呢?"照理说,免去了这么重的责罚,皇甫绩应该觉得侥幸才是,可是他的内心却忐忑不安,久久没有平静下来。于是他和表兄们说:"哥哥们,我跟你们一样都没有写作业,你们受到了责罚,我却没有,求你们代替外公打我三十大板吧!"表哥们听了这话,都哈哈大笑,不解问道:"小弟,你是不是傻呀?我们躲这个板子都来不及,哪有主动找打的呀?你不知道这个板子打在身上有多疼,我们疼得都走不动路了。"皇甫绩却一本正经地说道:"哥哥们,我没有开玩笑,我跟你们犯了同样的错,外公只是因我年纪小且没有父亲而对我网开一面。但我不能因为这样而放纵自己,犯了错误就该受到惩罚。我要是逃过惩罚,就是不守家法,是一个不守信用的人。各位哥哥,你们希望看到自己的弟弟变成一个不守信用的人吗?"表哥们都被皇甫绩的诚实守信所感动,可是谁也不忍心去打年幼的小表弟,他们只能面面相觑。皇甫绩见表哥们没有反应,只好对旁边一个奴仆说道:"你快打我三十板子,否则,我叫外公扣你工钱!"奴仆在万般无奈之下只好照做,年幼的皇甫绩哪能承受这么重的刑罚?板子打下去,疼得他冷汗直冒,衣服都湿透了。

不久之后,皇甫绩主动受罚这件事情被外公知道了,韦孝宽感动不已,心想:这个外孙虽然年幼,却知道诚实守信,将来一定会刻苦学习,有所成就。果不其然,皇甫绩长大之后,在北周的朝廷中担任了重要的官职。即使在杨坚取代了北周之后,皇甫绩依然受到重视。整个朝廷内外、君臣之间,没有一个人不钦佩皇甫绩信守诺言的品格。他在朝廷和皇帝面前有很高的声望。

  案例解读

面对外祖父的谆谆教导,幼年丧父的皇甫绩明白了信守诺言的重要性。尽管外祖父出于恻隐之心不舍得惩罚皇甫绩,但是皇甫绩仍然勇敢地承认错误,并主动认罚。从年少时守信求责到长大后成为国家栋梁,皇甫绩始终保持着自己诚实守信的品质,这是他在朝廷上有很高威望的内在原因。这说明修身、齐家、治国、平天下是一个环环相扣的过程。不信不立,不诚不行。诚信是立身之本,是社会的行为准则,也是现代社会契约关系的基础。自觉自律、以身作则是现代社会诚信建设所迫切需要的,不管在什么年代,自律守信永不过时。中学生应该学习皇甫绩对待学习的诚信态度,自觉自律,从小事做起,涵养自己诚信的品格。

  延伸思考

我们再来看一看另一个自律守信的故事。曹操十分重视农耕和生产,他曾作出这样的规定:任何人和马匹都不得践踏农民的庄稼,违者立斩。可有一次,曹操的战马经过农田时,被一只麻雀所惊扰,一下子窜进农田,踩坏了好多庄稼。当着战士们的面,曹操当即准备拔剑自刎。战士们阻拦道:

"您是军中主帅,治了您的罪,我们怎么办呢?"可曹操认为自己触犯了军规,同样要接受处罚。战士们吓坏了,把曹操团团围住,劝他万万不可自刎。曹操只能用宝剑割下自己的一缕头发,说:"那就用头发代替头颅吧。"曹操作为一位备受争议的人物,很多人认为他这样是在做戏,其实不然。作为统帅,曹操有多种方法将自己置身事外;但作为军事家,他深知军法的重要性。以身作则、不避责罚,恰恰体现他治军的严谨性。

　　严于律己,是诚实守信的应有之义。作为中学生,我们应学习曹操和皇甫绩以身作则、不避责罚的坦荡态度,因为这样珍贵的品质会对我们今后的发展产生重要影响。

参考文献

[1] 李世平.诚信故事100例[M].上海:立信会计出版社,2017.

晏殊诚信应试

晏殊,抚州临川人,在北宋文坛和政坛有较高的地位。晏殊天资聪颖,表现出过人才能,并且从小就意识到诚实守信的重要性,有着超越同龄人的自律。在晏殊未成年时,官员张文节就把晏殊推荐给了朝廷。当时,皇帝正在准备殿试,就命晏殊一同应试。晏殊欣然参加,但他看到试题之后却愣了,这不就是十天前刚做过的试题吗?他毫不犹豫地对皇帝说:"我在不久之前做过这个题目,为了保证公平性,请换一个题目吧。"皇帝被他的诚实所感动。后来,晏殊得到了重用,官拜宰相。可以说,晏殊的成功离不开从小就拥有的诚信品质。

 案例解读

在古代,科举考试是决定读书人一生命运的唯一途径,殿试又是决定身份名次的最终考试。对一般人而言,若能有幸押中题目,无疑是天大的幸事,且从律法上看,考生也未违背任何考试纪律,实在没有拒绝的道理。然而,小小年纪的晏殊却另有一份对诚信的坚持。面对近在咫尺的功名,他没有欣喜若狂,而是先考虑国家统一性选拔考试的公平性,"苟非吾之所有,虽一毫而莫取"。他把对自己的诚信置于世人更看重的功名前途之上,实在深得君子"慎独"的要义。一个人能做到诚实,很多时候源于外界的监督;而一切外在的监督,与个人自我的道德精神相比,终究是不彻底、不纯粹的。人们在没有外界监督时,仍能做到对自己诚信,才是真正的诚信,才能奠定个人终身发展的坚实基础。

晏殊诚信考试的故事对今天的中学生诚信教育具有重要的启示意义。校园生活中,面对老师的殷切期望和繁重的学业压力,同学们有时会面临是否讲诚信的两难选择,该如何应对呢?

教室里一大早就有同学抄作业,如果是你,前一天的作业没能完成,你会选择第二天抄作业吗?平时各门功课经常有测验、考试,如果你有很多题目不会做,你会选择作弊吗?研究型论文、活动征文的撰写对中学生来说有一定困难,你会选择上网下载别人的文章交差了事吗?相信你会做出正确的选择。考试诚信是校园诚信非常重要的方面。考试,在一定程度上会影响一个人的命运。考试的公平公正是必须坚守的底线。面对考试,每个人都希望取得良好的成绩。但成绩的背后,应该是真实的学习效果。考试不仅仅是对我们学习质量的检测,也是对我们人格的一种考验,因此我们必须做到诚信应考。近年来,诚信考试进入立法层面。我国立法机关在2015年8月29日通过了《中华人民共和国刑法修正案(九)》,规定:"在法律规定的国家考试中,组织作弊的,处三年以下有期徒刑或者拘役,并处或者单处罚金;情节严重的,处三年以上七年以下有期徒刑,并处罚金。为他人实施前款犯罪提供作弊器材或者其他帮助的,依照前款的规定处罚。为实施考试作弊行为,向他人非法出售或者提供第一款规定的考试的试题、答案的,依照第一款的规定处罚。代替他人或者让他人代替自己参加第一款规定的考试的,处拘役或者管制、并处或者单处罚金。"这意味着,在考试中以各种形式作弊的人不仅会受到纪律处分或道德惩罚,还可能受到刑事处罚。每年高考都会抓出一些作弊者。对于高考作弊的考生,一般视情节轻重可做出以下处罚:当科成绩无效,当次所有科目成绩无效,停考三年,刑事处罚。

延伸思考

校园是学生最重要的学习和活动场所。在这里,我们畅游知识的海洋;在这里,我们开启人生旅途的"宝盒";在这里,我们学习如何做人做事。然而,就是在这样的象牙塔中,校园失信的事件仍时有发生。某知名演员学术造假事件直接导致了其学霸人设的崩塌。同时,有违学术诚信的行为导致他的演艺事业停滞。2005年,首尔大学被誉为"克隆之父"的韩国最高科学家黄禹锡被证实其科研成果、实验数据及论文存在造假行为,后被取消公职和一切荣誉。

学术造假行为作为校园诚信的反面教材屡见不鲜,我们再来看看校园诚信的正面例子。德国维尔茨堡大学贝林格尔教授是一位杰出的哲学和医学专家。他曾花费数年时间采集整理化石,出版了一部古生物专著《维尔茨堡化石石版图集》。但后来他发现自己的研究成果是被人存心谋划的闹剧,伤心愤懑之余,他宁愿破产也要向世人澄清事实真相。后来,为了纪念他,维尔茨堡大学为他立的墓碑上刻着:"贝林格尔是一位诚实的科学家!"贝林格尔面对名利而坚决选择诚信的品格永远值得我们称颂。

学校是一个小社会,利益驱动和情感因素导致诸多不诚信行为,我们要经受住诱惑,才能不断成长。倡导校园诚信,要从小事做起,从自身做起。如果每个人都能从我做起,做好每件小事,那么良好的校园风尚便会化育而成,"诚信之花"就会开满美丽的校园。

宋濂守信好学

宋濂是明代著名的文学家,他年幼时非常好学,但无奈家境贫寒,没有钱买书,只能向有藏书的人家借书。每次借到书,宋濂都亲手抄录,严格按照约定的日期送还。天气酷寒时,砚池里的水结成坚冰,手指不能屈伸,他也决不因此懈怠。抄完后,他赶快将书送还人家,从不超过约定的期限。正因为这样,人们都愿意把自己的书借给宋濂。宋濂才有机会饱读群书,最终成为明初的一代文宗。

有一次,宋濂要到远方向一位前辈求教。宋濂和前辈约定了见面的时间和地点。谁知出发的那一天,外面冰雪交加,寒冷无比。宋濂的母亲见宋濂收拾好了行李,准备出发,奇怪地问:"儿啊,你要干啥去?这么恶劣的天气,有事改天再去吧。"宋濂说:"儿这是要向前辈去求学呀,如果我今天因为惧怕寒冷不走,那就是失约,这是对前辈的大不敬啊!"于是母亲流着泪送别儿子。外面风如刀割一般,大雪厚得淹没了宋濂的膝盖,他的皮肤和腿脚被严重冻伤。到达目的地之后,有人拿热水给他喝,再用被子将他包裹住。不知过了多久,宋濂才渐渐地恢复意识。那位前辈见此情景,感动地说:"后生可畏啊!你如此好学又守信,将来必成大器!"宋濂除了跑到百里之外求学,对待前辈更是毕恭毕敬。宋濂陪侍在前辈的左右,虚心地向其请教,即使受到训斥,也依旧恭敬礼貌。周围的同学穿着华美的衣服,佩戴宝饰,吃着鲜美的食物,宋濂却一日三餐粗茶淡饭,穿着旧棉袄、破衣服。但宋濂毫无羡慕之意,他认为自己的精神是富足的,有对知识的渴望和德行的追求,并不觉得不如别人。

后来,宋濂长期为官,从来没有说过一句假话,也没有讥讽过他人的短处,始终都是表里如一。当朝皇帝朱元璋更是觉得宋濂是一个难得的君子,在朝廷上公开称赞他"何止是君子,简直可以说是贤人了"。

案例解读

宋濂满腹经纶,他早年闻名天下,却隐避归山终不仕。人到中年,宋濂应朱元璋所邀出山辅佐。彼时大明初建,百废待兴,宋濂一生所学终于灿烂绽放,不但成了明朝的翰林院学士,被列为"明朝开国文臣之首",还成了专门给太子传授知识的老师和誉满全国的"明初诗文三大家"。宋濂成功的主要原因在于他的诚实守信,所有与他交往过的人都对他百般信任。在他求学的过程中,人们乐于借书给他;老师们也将毕生所学倾囊相授。在成名之后,就连朱元璋也甘心把太子交给他教导。正如《论语》所说"人而无信,不知其可也。大车无輗,小车无軏,其何以行之哉?"诚信是立身之本,有了诚信,人才能像一辆完整的车,开启人生的无限旅程。

延伸思考

我们再来看看与宋濂并称"明初诗文三大家"的刘基,其作品《郁离子》中也有一段关于诚信的故事。一位富商在渡船时,船不幸下沉了。在危急之中,富商看见一位渔夫,对渔夫喊道:"倘若你救我上岸,我送你一百两银子。"渔夫救完富商之后,富商却只给了他十两银子。面对渔夫的不满,富商说道:"你只不过是一个穷渔夫而已,给你十两银子算不错了!"后来,富商乘坐的船再一次沉了下去,恰巧又碰上了这位渔夫。只是这次渔夫再也没有相信富商的话,富商因此丧命。

由于对诚信重视不够,将财富置于诚信之上,富商最终丢了自己的性命。《论语》云:"吾日三省吾身,为人谋而不忠乎?与朋友交而不信乎?"君子每天都要反思自己,而反省的最重要的内容就是是否诚信待人。宋濂即使贫穷卑微,但是为人处世真诚,最终成为一代贤人;富商空有富贵,却不懂得诚信乃立身之本,最终死于对诚信的蔑视。中学生不仅要学习宋濂刻苦钻研的精神,更要学习他诚信待人的道德操守,成为品学兼优的好学生。

诚信是创业的根基

1840年,叶澄衷出生在宁波镇海。当时,鸦片战争爆发。都说"时代的一粒沙,落在普通人身上都是一座山",叶澄衷生逢乱世,经历了异常艰苦的童年:父亲早逝,家中贫困,没有足够的钱供他读书,他只能早早去做学徒。但叶澄衷没有因此灰心失意,在乡邻倪先生的帮助下,叶澄衷从宁波镇海来到上海滩的"十里洋场",从裁缝铺的打杂学徒到杂货铺里划着舢板在洋泾浜上叫卖的伙计,虽然生活艰难,但叶澄衷从未有过退缩的想法,他认真踏实地完成每一份工作,同时不断追求上进。做舢板上叫卖的伙计时,叶澄衷对于舢板的滑行还不熟悉,在和外国水手及商人的语言交流上也有诸多困难,但他逐一克服。他不断练习舢板的驾驶技巧,购买书籍自学英语,生活也过得有声有色。

叶澄衷为人处世宽厚诚信。正因为有这样良好的品德,叶澄衷先生才能在传奇创业之路上走得更远。17岁的叶澄衷在黄浦江棹扁舟度日,当时洛克菲勒财团来华代理人乘扁舟渡江,失落价值连城的公文皮包于舟中。叶澄衷三日不渡,等在江边。待失主来寻,叶澄衷原物奉还,分文不少。失主高度赞扬叶澄衷见财宝毫不动心,敬佩他如此诚实。失主当场以巨款酬谢,叶澄衷坚持不收失主的钱。于是这位洋行经理的失主提出要和叶澄衷一起做五金生意,由这位洋行经理提供五金商品,供叶澄衷代销,销售之后再结算本金。在这位洋行经理的帮助下,叶澄衷先生走上了一条经营五金的致富之路。叶澄衷从杂货铺舢板的叫卖生活中看到商机:收购轮船上拆卸下来的五金或者货物,稍加处理之后再卖出。之后,叶澄衷在虹口的美租界开了一家小小的五金店,借助天时、地利、良好的口碑以及诚信的美名,很多外国水手和商人都愿意和他做生意。随着小店的生意越做越大,利润也越来越多,他又开起了五金公司。

从小五金店到开辟"拆船业"这一新产业,再到"吃食五金",拓展"消防龙头"的生产和"轮船业务"等,叶澄衷的五金生意也由"小五金"转向"大五金",在此期间,他更是提出了那个时代难得的经营理念——"同业拆借""同业连锁","顺记号"逐渐在全国沿海城市扩展。蒸蒸日上的事业也为叶澄衷赢得了"五金大王"的美称。叶澄衷的商业探索之路,也促进了民族资本和民族工业的发展。

案例解读

叶澄衷为人处世既诚且信,宽厚待人,被称为"首善之人"。在他传奇的创业历程中,诚信宽厚的性格帮助他得到了难得的机缘,在萧条中仍然昂首前行。在他看来,拾金不昧从来不是为了索求失主的感恩与回报,而是做人的基本准则;而恰恰是这份朴素的诚意,化身为助他打开财富大门的钥匙,使一个宽厚诚实的镇海渔村少年从洋泾浜舢板上叫卖的伙计开始,逐渐拓宽商业的新领域。在常人看来,贫穷的少年叶澄衷选择了拾金不昧,无疑是选择拒绝天上掉下的一块馅饼;而在珍视美德的人看来,他恰恰选择了最珍贵、最无价的东西,即一颗值得信赖的诚心。这颗无价的诚心,就是叶澄衷所有财富与名望的源泉。正如在宁波商帮中一直流传的一句话:"做人当如叶澄衷"。作为中学生,做人也当如叶澄衷一样,为人处世秉持宽厚诚信之心。若我们能在金钱、名利面前仍能保持真诚的自我,自然就能获得比金钱、名利更贵重的信任。无论是在事业上还是在生活中,坚守诚信的人终将会在人生的某个时刻收获生命给予的馈赠。

延伸思考

看完叶澄衷的故事,我们再来看看李嘉诚的故事。李嘉诚在创业初期,资金十分有限。有一次,一位外商订了大量的货,但他提出需要富裕的厂商作保,李嘉诚努力跑了好几天,仍一无着落。李嘉诚并没有编造谎言,而是实事求是把自己的情况如实告知客户,那位商家反而被李嘉诚的诚信所感动,直接说"从阁下言谈之中看出,你是一位诚实君子。不必其他厂商作保了,现在我们就签约吧"。一般的人如果听到这番话应该会十分开心,但李嘉诚却说"先生,蒙你如此信任,我不胜荣幸。但我还是不能和你签约,因为我资金真的有限"。外商听后,极为敬佩李嘉诚的为人,不仅与李嘉诚立刻签约,而且提前付了货款,帮李嘉诚渡过难关。

成功者必定会有非常之举,这不仅表现在轰轰烈烈的伟大事业上,更渗透于言行的每一小细节中。人不信于一时,则不信于一世。面对资金不足很可能导致失去客户的风险与危机,李嘉诚仍能秉持为人处世不欺诈、讲诚信的原则,最终收获了客户的信任,也收获了事业的成功。诚信是企业的生存之基,也是做人之本。作为中学生,我们应当恪守诚信的准则,从每一场考试做起,从每一次作业做起,在日常生活中承诺别人的事不可忘记,更不应欺骗别人。真、善、美是做人的至高境界,诚信是公民道德教育的基本内容。一切良好的道德品质都必然建立在诚信的基础之上。

参考文献

[1]张立茂,胡志金.叶澄衷画传[M].上海:文汇出版社,2016.

李达三诚信助学

李达三,1921年生于宁波鄞县,7岁时离乡到上海读书。他从上海澄衷中学毕业时,正值抗日战争时期。李达三不愿继续待在日军占领下的上海,于是随一个团队离开上海,奔赴重庆。沿途所见所闻,给二十几岁的李达三带来了极大的触动。"我途经中国最贫穷的地区,亲眼看到大批骨瘦如柴、营养不良的大肚子孩子沿途流浪,极为心痛。"当时很多同学都参加青年军、当翻译官,但沿途的见闻,让他意识到教育与科技的重要,他坚信读书才最重要。1945年,李达三从上海复旦大学会计系毕业,之后继承家业步入商界,20世纪80年代后期在海外开拓卡尔顿酒店集团,成为酒店业巨子。40多年来,李达三先生艰苦创业、诚信务实、开拓创新。

李达三对上海、宁波、香港三座城市都怀有深厚的感情。他深深明白"国家兴旺在于人才,人才培养在于教育,教育是千秋万代的大业,振教兴邦,匹夫有责"。对母校复旦大学,李达三数次慷慨解囊,奉献赤子之情:1993年,李达三提议复旦大学恢复设立会计系,并捐款500万元支持母校兴建"李达三楼"。1995年4月,高10层、面积8 000平方米的"李达三楼"正式落成,投入使用,使复旦大学管理学院拥有了当时全国一流的教学、科研与办公设施。1994年,李达三捐助100万元,作为管理学院教师的培训基金,让更多青年教师有机会在国际学术舞台上交流、学习,将智慧的星火传递给莘莘学子。1998年,李达三的夫人叶耀珍女士捐资300万元,建造了复旦大学学生文化活动中心——叶耀珍楼。位于邯郸路两侧的"李达三楼"与"叶耀珍楼"相映成景,传为佳话。2004年,李达三、叶耀珍为复旦光华楼建设捐资500万元,楼内的会客厅冠名为"李达三会议厅"。2008年,李达三再次慷慨捐赠800万元,用于李达三楼的翻新重建。2009年,李达三捐赠600万元,用于复旦相辉堂的保护修缮工程。复旦大学110周年校庆,李达三又捐赠了1.1亿元人民币,至今累计向复旦大学捐赠2.45亿元人民币。此外,李达三还向上海市澄衷高级中学、上海交通大学、上海京剧院、上海海外联谊会、上海市宁波经济促进会、上海宁波同乡联谊会等单位捐赠。1996年,上海市人民政府授予李达三"白玉兰荣誉奖"。

复旦大学流传着这样一个故事:李达三楼改建时,李达三曾捐款800万元。楼落成后,复旦大学的会计有一天发现李达三又汇来4万多元。原来是李达三亲自核对每笔账目,发现他捐的港币在兑换成人民币的过程中出现了汇率变化,所以补了4万元汇差。李达三说捐管捐、账管账,要让学校真的收到800万元,不能因为汇率把钱变少了。

李达三有一句箴言:做人就像做生意,一靠诚信,二靠努力,三靠创新,四靠宽厚。他的精神激励着千千万万海内外人士不断奋进。

案例解读

李达三作为一名出色的商人,为人处世求稳健,一生讲诚信。商海沉浮数十载,李达三先生总结了几点。他认为最宝贵的经验:"勤俭起家,诚信立业。企高望远,四海为家。己所不欲,不赐予人。事业有成,回馈家乡。"李达三说到做到,他对教育投资的诚实精神比捐出的善款更令人振奋、感动。4万元在800万元善款面前只是一件小事,但这事关自己为人处世诚信的原则。在他看来,无论做什么事,都应该说到做到,真实不虚。即使是汇率这种由客观事实造成的款项的差异,也不能成为阻碍自己坚守诚信原则的因素。

延伸思考

同样热衷于诚信助学的还有邵逸夫。邵逸夫不仅是著名的传媒大亨,更是著名的慈善家。在社会公益和慈善事务方面,邵逸夫树立了一座丰碑。早在1973年,他就在香港设立私人慈善机构,开启了其慈善事业。他说:"国家振兴靠人才,人才培养靠教育,培养人才是民族根本利益的要求。"正是秉持这样的理念,邵逸夫基金为内地教育捐出巨资。据新华社2014年报道:"25年来,由香港著名实业家邵逸夫先生设立的邵逸夫基金已连续为内地教育事业捐赠达45.5亿港元。"如此长时间、大手笔地捐助教育,令人不由得对邵逸夫肃然起敬。时任教育部副部长郝平说:"邵逸夫基金是当前海内外爱国人士通过教育部捐款持续时间最长、赠款金额最大、建设项目最多的教育赠款项目,为内地教育事业的发展做出了突出的贡献。"

当代中学生在对这些诚信助学的商业巨擘钦佩和感动之余,也应该从自我做起,秉持诚信的态度申请助学金。然而,某些学生在金钱的诱惑下,竟然谎报家庭收入,编造家庭贫困等。这就造成一些家庭经济并不困难的学生被认定为"困难生",从而获取不该属于自己的资助金。这些行为是万万不可的,不仅会辜负慈善家们的一片苦心,更会使自己失去真、善、美的诚信品质。

参考文献

［1］【心系母校】李达三叶耀珍伉俪再捐一亿人民币［EB/OL］.(2017-03-23)［2021-01-10］. HTTPS：//WWW.SOHU.COM/A/130023590_651600.

［2］复旦管理学院微信号.李达三的复旦情缘:连续九次捐赠,最大一笔1.1亿［EB/OL］.(2016-05-26)［2021-01-10］. HTTPS://MP.WEIXIN.QQ.COM/S?__BIZ=MZA3ODM3ODEXNW==&MID=2652343082&IDX=1&SN=85C8908719C6ABC44BA4475DDCC38479&CHKSM=84A08EC0B3D707D6CE20D7BF687EA7AAD6263C6A81402EE94C59AC1DB4A6AA6E03EAD42B61A4&MPSHARE=1&SCENE=23&SRCID=03167W1G1JMLMYDR9FJGN5A1&SHARER_SHARETIME=1615855921007&SHARER_SHAREID=AA76F914A6C58F247DA72E7CFF9D6AB1♯RD.

一场没有答案的考试

提起"反贪"系列电影，不得不提到一个从小在影视剧里陪伴我们成长的香港职能部门——廉政公署。1974年，香港廉政公署成立，瓦解了当时一批贪污的公职人员以及本土黑帮的势力。近年香港廉政公署年报显示，香港是"全球最廉洁城市"之一。作为掌控香港廉洁命脉的职能部门，你是否见过香港廉政公署的选拔考试题呢？是怎样的题目难倒了一大批雷厉风行的香港廉政公署准入者？

1998年10月，香港廉政公署执行处面向本处所有工作人员公开选拔一名首席调查主任。由于职位的特殊性，筛选的过程十分严格。经过层层选拔，有40多位人员进入最终的笔试环节。蔡双雄就是其中一员，他为人正直、诚实守信，在二十几岁时就进入香港廉政公署工作，专业素养过硬。

考场内一片寂静，有的考生屏气凝神奋笔疾书，有的抓耳挠腮、面红耳赤。对于蔡双雄来说，这些题目却是小菜一碟，他答起题来得心应手。就在蔡双雄信心满满之际，一道题却把他难住了。题目是这样的：请简述唐太宗李世民为了保护环境采取了哪些措施，并详细论述其合理性。蔡双雄心想：自己从小饱读群书，知识面还是比较广泛的，怎么对这方面一点印象都没有呢？蔡双雄还将关于自己对唐太宗的认识在大脑中迅速过了一遍，可无论如何也想不起来李世民曾在环保方面采取过什么措施。在看到这道题的分值有整整20分之后，一贯沉着冷静的他内心不免有些忐忑不安，这个分值可以说决定了整张卷面的分数。他犹豫了：不如就随便写一些内容吧，照自己的写作水平，把答案写得井井有条、有理有据其实并不是什么难事。如果不写，岂不是功亏一篑。自己前期付出的所有努力、一直追随的梦想都将付诸东流啊！但是，他又想到，这可是香港廉政公署的考卷，是非常强调廉洁自律及反贪防贪的。此外，他一贯的作风就是诚实守信，心中的坚守不允许他这么做。再三进行思想斗争，他最终坚定地写下了这么一行字：我实在想不起来李世民在环保方面曾有过什么举措，对不起，这道题我不会答。

在写上答案之后，他垂头丧气地走出了考场，一同考试的考生们却是春光满面。在交谈中,一位考生说道:"最后一道题确实超出我的预料,不过分值太大了,我不敢空白不答,我旁征博引,总算把答案写满了,想必一般人看不出什么破绽。谁知道他到底要考我们什么呢?反正写满最保险了。"蔡双雄听完更沮丧了,他做好了落选的心理准备,一连好几天茶不思、饭不想。虽然坚守了诚信,但是他担心自己多年的梦想也化为灰烬。

两个星期后,考试结果出来了。最后的那一道题,蔡双雄竟然得了满分,并且只有他一个人得了满分。蔡双雄成了进入面试环节的唯一人选。选拔委员会是这样解释的:唐太宗时,还没有环境保护这种说法。纵观李世民一生,他也没有为保护环境采取过任何措施。这道题根本就没有答案,或者说,最标准的答案就是"不知道"。

案例解读

《广雅》释曰:"廉,棱也。"因此,"廉"即品行方正之意。因此,与专业的知识、过人的才能相比,香港廉政公署的"廉"字决定了其存在的根基是品行,而非才华,只有德才兼备之人,才能真正符合"廉政"的要求。一个自作聪明、虚假浮夸的人只能一时顺遂得意,却终究抵不过时间的检验。倘若没有实事求是的良好素养,蔡双雄很难有勇气在试卷上写下"对不起,这道题我不会答"这句话。这道题是联合国教科文组织测试诚信度的试题,其实,诚实不仅是一种品格,更是一种智慧。孔子云:"知之为知之,不知为不知,是知也。"遗憾的是,竟然有那么多考生在考验品性的决定性时刻,选择了分数与前途。人生犹如考试,当很多人迎合题目、虚与委蛇、编造证据时,蔡双雄看似无奈的"不会答"却是最好的答案,他因存真求真赢得了尊重。

延伸思考

我们再来看看另一个发生在遥远的北欧的诚信考试案例。在芬兰,学校期末考试和社会上的招聘、晋级考试(即公务员考试)中,试卷的背面都附有标准答案。在答题的最后10分钟,考生可以自行对照,以便评估自己的分数,但极少有人会涂改错题或抄袭。在芬兰考试时,不仅是监考老师和同堂考生,甚至考场窗外的路人,都可以举报作弊者,因为试卷的正反两面纸的颜色截然不同,这更加便于发现作弊行为。实际上,严格自律的芬兰人很少有在考试中心存侥幸的作弊行为。这是因为他们把诚实守信、严于自律当作他们一生的行为准则,并把这种理念贯穿到生活的每个方面。

  同学们,看了这两个故事,不知道你们的内心是否有所触动呢? 同学们一定要明白,考试只是检查学习成果的一种手段,弄虚作假获得高分毫无意义,而失去的却是无价的诚信。我们一定要对自己负责,通过考试发现自己的不足,这样才能有进步。成绩并不是衡量一个人是否优秀的唯一标准,但诚信却是一个人的"身份证"。

参考文献

[1] 李世平.诚信故事100例[M].上海:立信会计出版社,2017.

[2] 奇怪的芬兰公务员考试:答案写在试卷上[EB/OL].(2020-07-03)[2021-01-10]. https://mp.weixin.qq.com/s?__biz=MzAwMjY1ODE4OQ==&mid=2649133654&idx=1&sn=e7819452597f39607822b5387e14ea41&scene=58&subscene=0.

大锤砸出了名企

1985年的一天,张瑞敏的一位朋友要买一台冰箱,结果挑了很多台都有瑕疵,最后勉强拉走一台。朋友走后,时任青岛海尔电冰箱总厂厂长的张瑞敏派人把库房里的400多台冰箱全部检查了一遍,发现共有76台冰箱存在各种各样的缺陷。

张瑞敏把职工们叫到车间,问大家怎么办。多数人提出,有些毛病也不影响使用,便宜点处理给职工算了。当时一台冰箱的价格是800多元,相当于一名职工两年的收入。

张瑞敏说:"我要是允许把这76台冰箱卖了,就等于允许你们明天再生产760台这样的冰箱。"他宣布,这些冰箱要全部砸掉,谁造的谁来砸,并抡起大锤亲手砸了第一锤。很多职工砸冰箱时流下了眼泪。在接下来的一个多月里,张瑞敏主持了一次又一次的会议,讨论的主题非常集中:如何从我做起,提高产品质量。3年以后,海尔人捧回了我国冰箱行业的第一块国家质量金奖。

张瑞敏说:"长久以来,我们有一个荒唐的观念,把产品分为合格品、二等品、三等品以及等外品。好东西卖给外国人,劣等品出口转内销自己用。难道我们天生就比外国人贱,只配用残次品?这种观念助长了我们的自卑、懒惰和不负责任,难怪人家看不起我们。从今往后,海尔的产品不再分等级了,有缺陷的产品就是废品,把这些废品都砸了。只有砸到心里流血,才能长点记性!"

案例解读

文物是人类在社会活动中遗留下来的具有历史、艺术、科学价值的遗物和遗迹,它是人类宝贵的历史文化遗产。这则故事中砸毁76台不合格冰箱的大锤,无疑是具有永恒收藏价值的"文物",因为其凝聚的是海尔企业永不妥协的诚信精神。正是有了这种精神内核,海尔从传统企业到互联网,逐渐成为世界品牌。世界品牌,无信而不立。无论处在什么时代,诚信都是海尔的安身立命之本。海尔品牌的核心价值是"真诚到永远"。这种"真诚"换取的是消费者对海尔的信任和喜爱;这不是一时的,而是永远的。这就抓住了品牌的实质:品牌就是企业和消费者的关系,这不是一般的关系,而是以心换心的关系,是用企业对消费者的真诚换来的消费者对企业信任的关系。一个企业一旦失去这种信任关系,不论实力多么雄厚,不论技术多么先进,终将在诚信的缺失中丢掉最可贵的人心而自招毁灭。海尔的"大锤"收藏在国家博物馆,在时代的长河中诉说着海尔人的坚持,海尔在市场的洪波中也终能凭借诚信而立于不败之地。

延伸思考

　　看完著名品牌海尔的诚信事例后,我们再来看看"独臂女侠"杨晶岚的创业故事。1985年,20岁的杨晶岚在灵武毛纺厂工作,一次机械事故让她失去了右臂。1997年,毛纺厂倒闭,她和丈夫双双下岗。她曾多次找工作,可别人见她袖筒空空,均婉言谢绝。"打工不成,就自己创业!"她向朋友借房产证抵押给银行贷款,因为她为人实诚,朋友二话没说就把房产证作了抵押。杨晶岚的饺子馆开业后,她精选食材,做良心饺子,为饺子馆树立了"货真价实、童叟无欺"的金字招牌。2005年春季,杨晶岚开办了宁夏吴忠市首个水饺加工厂,继续保持诚信经营的本色。她以质量取胜,加工厂生产的速冻产品拒绝任何添加剂,打响了"金瑞"品牌。她说:"做食品要有良心,只有对得起广大消费者,我才能睡得着觉。"有一年春节前,一位甘肃客户向杨晶岚预订一批速冻饺子,只是口头协议,未交付定金。直到春节前两天,甘肃客户才与她联系,询问是否按约定留货。这时原材料、运输费等价格都在上涨,本地一些客商纷纷上门高价求购。她宁愿承担不小的损失,还是维持原价、保质保量给甘肃客户发了货。从此,这名客户成了她的长期合作伙伴。杨晶岚的办公桌里藏了一个本子,上面密密麻麻写满了数字。原来每次发现原料的质量有瑕疵,杨晶岚都主动要求销毁,这笔损失只能自己来承担。有人劝她睁一只眼闭一只眼就过去了,何必跟自己过不去。杨晶岚斩钉截铁地说:"诚信是我们的生命线,不守信就要丢饭碗!"多年来,她以诚立身、以信兴企,从借款开饺子馆干起,企业越做越大。如今,她创立的公司已发展成一家资产4 300多万元的公司。

虽然作为中学生,我们尚未步入社会与职场,但若想在未来的人生中始终秉持敢于承担责任、诚信做人的原则,就要从小开始涵养诚信为本的道德品质。中学阶段正是一个人思想精神最活跃的时期,应从诚信的事例中汲取精神的力量,不断充实我们的心灵世界。

参考文献

[1] 李世平.诚信故事100例[M].上海:立信会计出版社,2017.

500万元买不动的诚信

罗斌是成都人,负责体育彩票销售工作。在当地,他被称为"神人",这是为什么呢?原来,罗斌曾经两次主动归还彩民500万元大奖,他的事迹感动了无数的四川彩民。

2008年10月15日是罗斌第一次归还500万元的日子。当时,张先生委托罗斌买了一支足球胜平负彩票。当天晚上,罗斌就接到了彩票中奖的电话,他马上意识到是张先生委托他买的足球彩票中了大奖。此时,这张彩票就在他身边。罗斌丝毫没有犹豫,立刻打电话给张先生,让他来领取彩票。张先生被罗斌诚信的精神深深地感动,提出要分一部分钱给罗斌,但被罗斌拒绝了。

无独有偶,2010年1月23日,罗斌再一次归还了500万元的巨额奖金。王先生把自己的投注方案告诉了销售员李大姐,由罗斌帮他垫付买彩票的费用。两天之后,罗斌先得知自己垫买的彩票中了500万元大奖。而此时王先生在外地,还没来得及拿彩票,这张中了500万元大奖的彩票正放在店里的抽屉里。罗斌得知中奖后,第一时间打电话给王先生,让王先生尽快取回彩票。

罗斌从事彩票销售行业已经有十几年了,他两次把自己站点中的500万元大奖还给彩民,许多人都感到非常惊讶。一个人竟然两次抵挡住500万元大奖的诱惑,这需要多么高的道德准则、多么坚定的信念啊!对此,罗斌这样说:"两次500万元,对于任何人来说都是一个不小的挑战,但良心是最珍贵的,是无价的。倘若我真的拿了这500万元,虽然生活物质上是富足了,但是我后半辈子会一直生活在愧疚与痛苦之中,不如坦坦荡荡地生活。"除了这两次500万元的奖金,罗斌帮人代买中奖的彩票还中过各种面额的奖金,有些是几十万元,有些是几万元,有些是几千、几百元等,不管价格多少,罗斌从未动过一丝一毫的歪念。

谈起诚实守信的罗斌,周围的群众纷纷竖起大拇指,对他赞不绝口,认为他的品质比金子更珍贵。因此,罗斌赢得了许多信任他的真心朋友。在社会上,罗斌也成为一个优秀的榜样。为此,四川省体彩中心专门向国家体育总局体彩管理中心提出申请,授予罗斌"中国体育彩票诚信标兵"称号。

案例解读

本案例讲述了街头彩票站小老板罗斌的诚信故事。罗斌能够丝毫不为金钱所动,值得所有人钦佩。罗斌身体力行地告诉了我们诚信是什么:诚信是一个人的口碑,是一个人的名片。诚信不值钱,却用钱买不来;诚信不是金,却重于黄金;诚信就像一张纸,皱了难抚平;诚信像一面镜,碎了难复原。诚信是个人的立身之本、民族的存亡之根。诚信不仅对个人很重要,对国家更重要。一个不讲诚信的人是社会的"危险品",而一个民族不讲诚信是莫大的悲哀。因此,当代中学生应身体力行,从自身做起,从点滴做起,把诚写在脸上,把信装在心里。

延伸思考

我们再来看看另一个不为金钱所动的诚信好人物。57岁的郑仁东是辽宁省的一位保洁员,有一天早上倒垃圾的时候,他发现垃圾桶里面有一个塑料袋,里面装着好几捆人民币,总金额达20万元。尽管郑仁东家庭生活贫困,但他丝毫没有把20万元据为己有的想法,他在第一时间报警,将所有钱原封不动地交给了警察。警察很快便找到了失主。为表示感谢,失主拿出2 000元,准备赠送给郑仁东,心善的郑仁东把2 000元全部捐给了希望工程。

类似这样的例子还有很多,他们和我们一样,都是普通人。但是,他们做出的事情却一点都不普通。他们用诚信彰显着平凡者的非凡、渺小者的伟大,他们用自身的行动为诚信的社会添砖加瓦。这些诚信的普通人才是中国社会最美丽、最深厚的底色。中学生要从自身做起,在普普通通的生活中遵守诚信。

参考文献
[1] 李世平.诚信故事100例[M].上海:立信会计出版社,2017.
[2] 张福庄.榜样故事[M].北京:知识产权出版社,2017.

一句承诺一生守候

　　李元成是湖北省宜昌市秭归县电力公司的一名党支部书记。1975年，李元成参军入伍，在军中和老乡付先根结下了深厚的友谊。在参加对越自卫反击战的前夕，李元成和付先根这样约定：能从战争中侥幸活着的人，要代替光荣牺牲的人照顾对方的父母。不幸的是，付先根牺牲了。在这之后，李元成找到付先根的父母，主动承担起"儿子"的责任，悉心地照顾战友的父母。尽管他当时在供电所工作，工资较低，但他从来没有忘记过这份责任，任劳任怨。

　　1996年，付家的小儿子也去世了，赡养两位老人的重任全部压在李元成单薄的肩膀上。此时，李元成妻子下岗，收入来源骤减，家中还有两个女儿在读书，他们一家住在一间简陋的房子里，日子过得紧巴巴的。尽管面对诸多困难，李元成从来没有想过放弃，也从来没有说过一个"不"字，依旧默默无闻地悉心照顾两位老人家，时间长达30余年。在此期间，李元成自己的父母相继去世，他更是将付先根的父母视为自己的双亲。在传统节日或者两位老人过生日的时候，李元成都会准备好酒好菜，送点小礼物，塞点零花钱给老人家。老人家也知道"儿子"家庭的不容易，于是想尽各种方法减轻李元成的负担。有一次正逢付先根母亲的生日，两位老人早早出门并将大门锁上，李元成夫妇就这样带着礼物在大门口坐了整整一天。晚上老两口回家之后，发现坐在门口的李元成夫妇，看着他们焦急的面庞，汗衫上早已干透、结晶的汗渍，两位老人激动地流下泪水，紧紧握着李元成夫妇的手。还有一次，付先根的父亲实在过意不去，77岁的他偷偷跑到宜昌去打工，李元成知道后立马去宜昌把付先根的父亲接回。李元成流着泪说道："您就是我的亲爸！有儿子在的一天，哪有让您打工的道理？您和妈放心，儿子一定会好好照顾你们的！"两位老人逢人就说："我们自己的儿子都去世了，元成比我们自己的儿子还要亲啊！"后来，付先根的父亲因癌症去世，李元成忙前忙后，为老人家披麻戴孝送终。

　　李元成的事迹感动了当地不少老百姓，他因此获得了湖北省第二届"道德模范"荣誉称号。

案例解读

李元成只是一个普普通通的小人物,他没有万贯家财,没有身居高位,甚至一直生活在困苦之中。在这样的情况下,他却做到了很多人做不到的事——只为了践行对战友的一句口头承诺,陪伴照顾了战友父母30余年。李元成和战友的父母没有血缘关系,但是李元成对战友父母的情感却比血缘更浓。古有季布一诺千金,现实社会中,一句承诺,让李元成和战友的父母成为超越血缘的一家人,让每个听到他们故事的人都不禁潸然泪下,为之动容。

如今,外界的压力很容易使意志不坚定的人不再遵守诺言。然而,李元成却用他的行动告诉了我们什么是坚持,什么叫担当,什么是一诺千金。这个时代需要楷模,需要英雄,需要信仰,李元成就是带给这个社会正能量和感动的人物。他用无声的行动践行着自己的诺言,在平凡中传达着什么叫作大爱。中学生要以李元成这样的人物为榜样,从身边的点点滴滴做起,将这种一诺千金的精神不断传承下去,做一个信守承诺的青年人。

延伸思考

我们再来看看另一个以行动来坚守诚信的例子。罗万森是四川省乐山市的一位普通村民,多年来靠做竹编生意谋生。几十年前,在收竹编时,他偶然认识了因意外高位截瘫而生活困难的李佰洲。看着辛苦趴着编竹编的李佰洲,罗万森被深深感动,当即对李佰洲许下了承诺:"你的竹编我全要了,你编多少,我就收多少!"为了这句承诺,罗万森常年收购李佰洲的所有竹编。每次来收,他不仅自己不赚钱,甚至还会多给些钱。李佰洲编了34年,罗万森就收了34年,无论寒暑风雨,都上门收购。即使是罗万森生病了,也安排儿子前往收购。几十年过去了,罗万森总说:"老李,你的竹编卖得不错,我又赚了一笔。"罗万森从李佰洲那里共收了价值50多万元的竹编。卖竹编的钱终于让李佰洲一家于2016年顺利脱贫。一句"只要你继续编,我就继续收"的承诺,也成就了两位老人终身的友谊。

李元成和罗万森为了坚守诚信,几十年如一日地践行责任,他们的事迹感人至深！中学生要以他们为榜样：一是慎重开口，因为答应别人的事就要负责；二是从小事做起，生活中答应同学、家人、朋友的事，要一点点落实到位；三是调整好心态，守诺是对自己负责，与他人无关，别人不守信不能构成自己不守信的理由；四是时刻反思、反省，对自己没信守的承诺认真分析，找出原因，及时改正。

参考文献

[1] 李世平.诚信故事100例[M].上海:立信会计出版社,2017.

[2] 360百科.罗万森[EB/OL].[2021-01-10]. https://baike.so.com/doc/29156640-30643716.html.

走近诚信：诚信故事伴我行

农民工"炒"掉黑心老板

2005年4月26日,在广西南友公路扶绥服务区,承包工程的老板觉得民工在做混凝土时使用的水泥太多,增加了成本,便要求他们多加碎石和沙进去。民工则认为,凭着以往的施工经验,按额定分量的水泥才是合适的,才能保证质量,能避免"豆腐渣"工程,因而没有理会老板的要求。不料,老板便开始骂他们。一些民工找老板理论,老板就冲进工地的厨房,拿出菜刀威胁民工,在场的30多位民工便拿起铁锹自卫。见人多势众,老板只好丢下菜刀,逃出工地。事后,在民警的调解下,工程承包方将民工的工钱结清,当晚民工便愤然离开了工地,"炒"掉了老板。农民工"炒"掉老板的故事让我们看到了"良心"两字。正是这30多位民工的良心促使他们最终做出了诚信施工的决定,在无法达到诚信施工标准时,毅然放弃工作,选择离开。

案例解读

以上故事中,老板和民工之间的冲突源于老板对利益的过度追求。诚然,我们不能脱离利益而空谈诚信道德,这是脱离生活实际的。但我们必须认识到,对利益的追求必须合理、合法、恰当,即讲求一个"道"字。工程老板为了获取不正当利益,不顾公路的使用安全和未来行人的生命安全,最终失去了员工的尊重,中断了经营之路。30多位民工虽然在物质上并不富有,却展现了精神上的富足,坚守了诚信的道德底线,在受到强大外部压力和威胁的情况下,最终选择与老板对抗,宁可失去工作,也不做违背良心之事。虽然他们一时不能获取报酬,却能让自己免于良心的谴责与法律的惩治。老板与民工之间的行为形成了鲜明的道德反差。古人云:"君子爱财,取之有道。"所谓道,在这个故事中就是不取不义之财,不做不义之事。以损害社会、公共利益为代价换取个人之利是坚决不可取的。由此我们也可以看到,个体道德层次的高低与物质基础是否富足并不必然"正相关",诚信的道德品质是衡量个体道德水准的重要依据。富有之人未必一定道德高尚,个体高尚的品质不是依靠物质养成的,而是受到道德精神力量的影响。

延伸思考

2019年初秋的一天,在河南省郑州市经济技术开发区经开广场1号楼河南新城建设有限公司一间挂着"道德讲堂"牌匾的屋子里,身着蓝色工装的建筑工人正在聆听如何做人的道理。在这里,李江福的身份不仅是公司党支部书记、项目经理,更是"心灵的解惑者"。在道德讲堂,工人们温习着"南门立木"的故事;在荣誉室里,他们发现,李江福主持建造的楼房超过1 000栋,其中有160多个项目获得鲁班奖、国家优质工程银奖、中国优质样板工程,以及"中州杯""汾水杯"等荣誉。来这里做客的人,几乎都对满墙满柜的金杯银牌感到惊诧,而后都会问一个问题:成功的秘诀是什么?

"诚信。"这是李江福的回答。

1988年,李江福以信用担保,帮一个亲戚贷款12万元,在中州铝厂承接工程。不料,这个亲戚因故打了退堂鼓。25岁的李江福为了能够还上贷款,毅然辞去"铁饭碗",当起了"包工头"。

2005年,在濮阳某学院行政办公楼工程中,李江福发现部分框架填充墙砌体砂浆标号偏低。他说:"水泥没有生命,但可以检验良心。砌好的五道墙马上拆除重砌!"虽然损失了5万多元,换来的却是河南省建设工程质量最高奖——"中州杯"奖。

2007年,李江福承建一项工程,开发商拖欠工程款导致100多万元的民工工资没有着落。为此,他卖掉了刚刚住了几年的房子,赶在大年三十之前把工资足额发放到每位民工手里……

30多年来,李江福主持建造的工程没有一次质量问题,没有一次延误工期,没有一次拖欠工资。他用诚信践行诺言,为社会交上满意答卷,更为自己赢得了"全国劳动模范""全国道德模范""全国诚信之星""中原大工匠"等荣誉称号。

同样是工程老板,李江福用信誉取得了工人的信任、社会的赞赏;而贪求利益、无视信誉的黑心老板却只能被工人们"炒"掉,损失了金钱与信誉。在没有诚信支撑的前提下追逐金钱与利益,不仅不会有任何收获,反而会适得其反,毁掉自身根基。

诚信是一种人们在立身处世、待人接物和生活实践中必须而且应当具有的真诚无欺、实事求是的态度和信守然诺的行为品质,其基本要求是说老实话、办老实事、做老实人。诚信之诚是诚心诚意、忠诚不贰,诚信之信是说话算数和信守然诺。在市场经济条件下,中学生只有培养真诚守信的道德品质,才能适应社会生活的要求,并实现自己的人生价值。

参考文献

［1］李世平.诚信故事100例［M］.上海:立信会计出版社,2017.

［2］360百科.李江福［EB/OL］.［2021－01－10］.https://baike.so.com/doc/7704943－7979038.html.

"大庆新铁人"李新民

"大庆新铁人"李新民黑且瘦,个头中等。常有人拍拍他略显瘦弱的肩膀,问:"铁人究竟是什么特殊材料制成的?"他总是默然一笑。实际上,答案就在李新民的履历中:他扎根大庆油田 16 年,海外创业 7 年。答案也在一座又一座拔地而起的井架中:他带领钻井队,立起井架 900 多次,率先突破钻井总进尺 250 万米。

后来,李新民任中国大庆钻探工程公司哈法亚项目部经理兼钻井二公司 DQ1205 钻井队队长、党支部书记。胸前挂满奖章的李新民总是习惯说自己是"一个普通的石油工人"。而熟悉李新民的人更喜欢称呼他——"大庆新铁人"。

1990 年,23 岁的李新民成为大庆石油管理局 DQ1205 钻井队的一名钻工。刚进入钻井队,瘦弱的他每次打大钳都扣不上钳框。此后,他一个人在钻台上练习打大钳,胳膊抡肿了,他还一次次地抡着。

16 年的艰苦历练,李新民锤炼出铁人的筋骨,那股不向困难低头的劲头也如同基因一般,植入李新民的血液里。

1993 年,中国石油开始走出国门,闯荡海外。面对新挑战,李新民说:"艰苦的地方才有石油,危险的地方才有市场。我就是干这行的,只要有石油,再危险的地方,也得往前冲。"

真正走出国门的那一天,也是"铁人"海外锻造的开始。

2006 年 2 月,李新民带着 DQ1205 钻井队,义无反顾地踏上海外拓荒之路。他们闯荡海外市场的第一站是被称为"世界火炉"的苏丹。2 月的大庆,滴水成冰。李新民一行人穿着棉衣棉裤上了飞机。一路上,温度不断升高,他们开始不停地脱衣服,走出飞机场的一刻,灼人的热浪向他们袭来,短袖衬衫很快拧出汗水来。

然而,当中国石油钻井设备运到苏丹港时,李新民的心却"拔凉拔凉的"——运输船甲板上所有朝外摆着的门房全都没了门;设备的包装上挂着盐粒,很显然是被海水浸泡过。运输船在南海遇到了风暴,设备差点丢到海里去。"要火速清关!"等待他们的工作是清理500多个部件、上百吨设备和上千吨钻具。"有条件要上,没有条件创造条件也要上",当年老铁人王进喜的呐喊,穿越时空,撞击着李新民的胸口。

那段时间,李新民和队员们吃住在港口,饿了啃几口干饼,渴了喝几口瓶装水,他的铺盖卷很少打开,能裹着衣服睡觉都是一件奢侈的事。

在不懈的努力下,李新民和5名队友只用了6天时间就完成清关,在苏丹港创造了用时最短、人数最少的清关纪录。

铁块扔进了火炉里,磨砺却刚开始。李新民最担心的事情还是发生了:3台柴油发电机中有两台被海水严重侵蚀。猩红的铁锈爬满了发电机的表面。此时,距合同规定的开钻日期只有14天。

当时,最现实的选择是,李新民和队员带着这些损坏的铁家伙回国,修好了再回来。这也意味着,钻井队在国外井架都没立起来,就要卷铺盖走人。

"一定要赶在截止日期前完成任务",李新民一直恪守这样的承诺。顶着苏丹如火的烈日,李新民开着皮卡车,冒着被流弹击中的危险,3天跑了近1 000千米,终于找来一台待修的发电机,改装调试后如期开钻。

苏丹的自然环境令人生畏,几乎每天都是50℃以上的高温,从早到晚"蒸桑拿"。在这里,钻井时喷出来的泥浆,可以达到120℃。李新民开玩笑说:"会闻到猪皮烫开的味道。"现在,李新民的脸颊和脖子还是红红的一片,有人打趣,这是"真正的苏丹红"。

比合同规定的日期提前一天,DQ1205钻井队打成了在苏丹的第一口油井。李新民这个铁打的汉子不禁热泪长流。

案例解读

从"老铁人"王进喜到"新时期铁人"王启民,再到"大庆新铁人"李新民,若用原大庆油田党委书记姜万春的话来诠释,那就是三代铁人身上的"爱国情怀、创业精神、求是态度和奉献精神"是一脉相承的。这既是对传统"石油魂"的坚定传承,又赋予了其新时代的内涵,更是把社会主义核心价值观中的诚信践行到底。

李新民说:"我的人生价值在钻台,要像'铁人'老队长那样,为祖国奉献青春年华。"数十年来,李新民用行动续写着"铁人精神",也将诚信贯彻到底。当代中学生生活在21世纪,早已远离了流血流汗的艰苦岁月。丰富的生存资源缓解了生存的危机,却更考验中学生的内在精神品质。如果在艰苦的历史时期先辈们仍能将诚信珍藏在心,那么富足时期的我们又有什么理由摒弃对诚信的坚守呢?诚信做人,诚信处世,是我们务必坚守的原则。

延伸思考

诚实守信是中华民族的传统美德,被人们视为自身的行为规范和道德准则,成为社会道德建设不可或缺的标准之一,对民族精神的塑造起着至关重要的作用。现在我们再来看看诚信导游刘萌刚的故事。广西桂林市导游协会会长刘萌刚从事旅游工作15年,接待了近2万名国内外游客,无一例投诉;三次援藏,克服严重的高原反应和重重困难,用专业与真诚向国外友人展示一个真实的西藏,赢得了赞誉。

诚信二字,看似简单,行之不易。旅游市场竞争日渐激烈,一些不规范行为也随之产生。旅行社"零团费"或"负团费"越来越盛行。在这种环境下,越是会坑蒙拐骗的导游就越有"钱途"。但刘萌刚坚定地说:"在金钱和信誉上我选择后者,我不想昧着良心接团!"

刘萌刚不仅从自身做起,还为改变这种状况不懈努力。刘萌刚开始从事导游工作时,接待国外游客的旅行社操作规范、要求严格,这奠定了他诚实守信、用心服务的职业心态。此后,他勤奋钻研业务,待客热情本分,几年间就成长为客人喜欢、旅行社放心的优秀导游,经常被委以重任。2004年5月,刘萌刚接待了一对母子,是来自毛里求斯的游客。母子二人在桂林购买了一对石狮子,打算把每个约2吨重的石狮运回毛里求斯。在去机场的路上,他们把3 000美元和一张名片交给刘萌刚:"请按这个地址帮我们把石狮子寄回毛里求斯。"刘萌刚回答:"既然你相信我,那就请你放心。"当时的3 000美元相当于2万多元人民币,是一笔不小的数目,支付完邮费后还有剩余,刘萌刚再联系对方,将剩余的钱退回去。母子二人为此专门写信致谢:"货物已收到,非常幸运认识你。你的真诚使我们很放心让你把物品托运回来。非常感谢你,并期待你有时间来毛里求斯游玩,我们可以当你的向导。"

面对来自世界各地的外国游客,刘萌刚是外国游客了解中国导游乃至

中国人的一个窗口。他用真诚和守信,换来外国游客对中国导游的好感与信任,树立了中国导游诚实守信的良好形象。

不论是"大庆新铁人"李新民还是诚信导游刘萌刚,他们都在时代的变迁中坚守本心,在市场的日新月异中保持本色,在自己的岗位上践行诚信,也为全国人民树立起诚信的旗帜。中学生朋友们,无论将来我们从事什么样的工作,都要坚守诚信。只有这样,才能开拓自己的事业,才能助力国家的发展。

参考文献

［1］李世平.诚信故事100例［M］.上海:立信会计出版社,2017.

［2］广西桂林市导游协会会长刘萌刚:诚实守信的好导游［EB/OL］.(2018-12-01)
　　［2021-01-10］.http://news.sina.com.cn/c/2018-12-01/doc-ihpevhcm5879690.
　　shtml.

一个 15 岁女孩的还钱承诺

父亲卷款潜逃,母亲不辞而别。当这一残酷的现实降临到年仅 15 岁的黄冬梅身上时,她却诚信面对父辈的罪过,以一种最善良的方式,完成了对上一辈的救赎——她就是四川泸州时代运业公司员工黄冬梅。

黄冬梅是四川省泸州市纳溪区渠坝镇立石村 3 社的村民。她的父亲黄某原是泸州时代运业公司的一名发车员。在 2005 年春运期间,黄某由于参与赌博,债台高筑,竟然一时糊涂,拿着自己经手的 4 万余元票款不辞而别,潜逃他乡。公司四处查找均无下落,便向公安机关报了案。黄某消失的当天,就有人将这个消息带给了黄某的妻子和黄冬梅,黄某的妻子顿时瘫坐在地,大声哭了起来。年幼的黄冬梅也在一旁默默地抹着眼泪。这时,旁人劝慰她们说,根据法律规定,黄某卷走的钱款不一定要由她们母女俩赔偿,而且泸州时代运业公司也没有要求黄某的家人代他还钱,所以她们也不必太担心。

但第二天一大早,黄冬梅一路打听着来到她父亲曾供职过的公司。她找到公司的负责人,对负责人说自己就是黄某的女儿。"爸爸欠的钱,我长大后一定偿还。"黄冬梅斩钉截铁地告诉这位负责人,"一年还不清就两年,两年还不清就三年,总有一天会还清的。"这位负责人至今都能清晰地回忆起当时的场景。"我们都看她是个小孩子,心想她不过是说说罢了。谁知道她一直都信守着这个承诺,真是个令人敬佩的女孩子啊!"

为了还债,2007 年黄冬梅初中毕业放弃了读高中的机会,决定南下广东中山市打工。由于还没有办理身份证,加上长得瘦小,黄冬梅初到中山市时处处碰壁,没有一家工厂愿意收她。身上带的盘缠花光了,她只能吃路边摊的剩菜剩饭,晚上有时就在路边的长凳上凑合一宿。所幸的是,一位在中山市打工的泸州老乡了解黄冬梅的遭遇后,就把从当地工厂里揽的活分一些让黄冬梅干。2008 年,又有一位老乡介绍黄冬梅到一家风扇制造厂做扎线工,每月最多能有 2 000 元左右的薪水。就这样,黄冬梅总算在中山市安定了下来。在打工的日子里,黄冬梅省吃俭用,除了逢年过节给她爷爷奶奶寄一些钱,她把剩余的钱都存起来。2011年10月,黄冬梅存够了3万多元,加上向亲戚们借来的1万元,黄冬梅终于攒够了还债所需要的钱款。

"叔叔、阿姨,我来替我爸爸还钱了。"2011年11月4日上午,黄冬梅走进了泸州时代运业公司财务部。时隔近6年,她再一次来到了这家公司。不过这一次,她的内心如释重负。当黄冬梅拿着厚厚的一沓钱交到泸州时代运业公司财务人员的手里时,几乎所有在场的人都愣住了。大家隐隐约约地回想起几年前曾有一位瘦弱的小女孩向他们承诺一定会还上她父亲卷走的钱,而眼前就是几年前的那位小女孩,只是她的眼睛里已经平添了几分坚毅、几分沧桑。"我们本来已忘了此事,没想到这位小姑娘这样讲诚信。"公司董事长陈善新向记者表示,他们已经按照法律程序请求公安机关对黄冬梅父亲的案件进行撤案处理。

还债后的黄冬梅并没有在泸州停留太久。为了继续打工养家,不久她就返回了中山市。而黄冬梅的诚信品质已经深深地打动了泸州时代运业公司的每一个人。公司负责人向黄冬梅发出邀请,希望她能回到家乡,泸州时代运业公司会为她提供一个职位。2011年年底,黄冬梅回到泸州,来到泸州时代运业公司财务部上班。因为黄冬梅的诚信品质,她先后被评为"四川省优秀共青团员"和"全国优秀共青团员"。

面对人们的赞誉,黄冬梅说:"我本来只想通过还债来减轻我父亲的罪过。想不到社会给了我这么高的评价。我一定会干好我的本职工作,怀着诚信感恩的心好好生活。"

案例解读

在诚信有所"滑坡"的现代社会里,类似黄冬梅的事例总能让人感动。黄冬梅原可以享受少年的纯真无邪和无忧无虑,却在15岁时允诺由其偿还其父所欠款项并在6年后践行诺言,黄冬梅的行为可以说是弥足珍贵的。时代呼唤契约精神,契约精神的实质是诚信,就是按约定的规则办事。没有契约的文明,不是真正的文明;不讲诚信的国家,不可能真正强大。黄冬梅"一诺千金、替父还债"的故事,诠释的是小女孩、大诚信,彰显的是小事情、大道理,简单的故事背后却蕴含着深刻的哲理。中国要走在文明世界的前列,离不开一群模范践行诚信思想和契约精神的未来建设者、接班人……

延伸思考

车子被人撞了,肇事者不见了,遇到这样的事情,谁都会恼火。江苏扬州一名高中生在撞坏私家车后,为车主留下了一张字条致歉,并留下联系方式。小小的一个举动引来众多关注,事件相关微博的转发量达到近万次,感动了无数网民。车主凌先生在网上发帖称:"孩子,谢谢你,你让我们这些被尘俗污染太久的大人的心灵被好好清洁了一回,让我获得了久违的感动。"

让我们共同来回顾这一事件:2012 年 11 月 2 日下午,徐砺寒骑着自行车上学,途中不小心剐蹭了路边停着的一辆宝马车的后视镜。"当时吓了一跳,但也真没多想赔不赔得起的问题。只想到我撞坏了别人的东西,就必须要承担责任。"为了向车主道歉,徐砺寒在原地等了 20 多分钟,但车主一直没有出现。眼看快到上课时间,徐砺寒身上正好没带笔,只好到附近的书报亭借了一支笔写下字条:"尊敬的车主:我是扬大附中的一名学生,在今天上学途中不小心弄坏了您的车。主要是一划痕及左后视镜,我无法及时赔偿,对不起!"字条后面还留了联系电话。"没想到,刚写完纸条车主就过来了。我跟他说明情况后,他笑着对我挥挥手,说不要我赔偿,让我赶紧去上学。"徐砺寒这才如释重负地离去。

随着"诚信中学生"的故事在网络上不胫而走,徐砺寒出名了。但他一直表现得很淡定:"从开始到结束,我一直觉得这是件很普通的事情。因为是我自己闯了祸,有过失,留下承担责任是应该的,是自然而然的。""孩子比我淡定多了。"徐砺寒的母亲周女士说:"我们其实也没有特殊的教育方式,也不希望因此受到太多关注,只希望社会上的人都能践行诚信。"徐砺寒的班主任李玲老师听到自己的学生做了这件事并不惊讶,"班上不少学生也表示就该这么做啊,他们都没有想过要逃避。我觉得,通过这件事要反思的反倒更应该是大人们。"她说。

徐砺寒的故事很小,却引发了一系列鼓励和赞美,那是因为人们在这个少年的身上看到了最珍贵的品质——诚实。车主没有索要赔偿,也是被少年的这份诚实和勇于承担所感动。社会正能量正是由这些"小善举"和"小美好"构成,人与人之间多一点真诚、理解和互信,我们的社会才会更加和谐和温暖。

参考文献

［1］人民日报.黄冬梅:15 岁女孩的还钱承诺［EB/OL］.(2019-01-28)［2021-01-10］. http://xy.panzhihua.gov.cn/doc/2019/01/28/22343.shtml.

［2］新华网.扬州"撞车留条道歉"中学生感动网民［EB/OL］.(2012-11-08)［2021-01-10］. http://www.xinhuanet.com/politics/2012-11/08/c_113641750.htm.

"校长妈妈"张桂梅：燃烧自己，点亮梦想

2021年2月17日，她被评为"感动中国2020年度人物"，2月25日，荣获"全国脱贫攻坚楷模"荣誉称号。从17岁到年过花甲，她坚守在深度贫困山区的教育岗位，甚至拖着患有多种疾病的身体也毫不退缩。她用持之以恒的无私奉献，帮助乡村女孩走出大山，追逐梦想。她就是云南丽江华坪女子高级中学校长张桂梅。

张桂梅原本和丈夫一起在大理一所中学教书，可还未等到怀孕生子，她的丈夫便因病去世。为逃离伤心地，1996年，她申请调到边远的丽江市华坪县民族中学。张桂梅把全部精力都放在教学工作上，对每一个学生都十分关心。渐渐地，她发现学校里几乎每个班都是男生多、女生少，"一些女生读着读着就不见了"。在农村，很多贫困家庭的女孩早早辍学，或帮父母种地，或外出打工，甚至早早嫁人换取彩礼。张桂梅说："女子读书能改变三代人的命运，如果她们有一个有文化、有责任感的母亲，她们就不会辍学。如果这些女孩子辍学了，很可能将来她们的孩子还会重复她们的命运。当时我就想办一所免费的女子高中，我想让这些贫困家庭的女孩子通过知识改变命运，彻底阻断贫困在低素质母亲与低素质孩子间的恶性循环。"

从此，张桂梅开始为这所理想中的学校奔走呼吁。凭她一己之力创办一所女子高中，而且还是全免费，责任之大，困难之多，让人难以想象。她曾四处募捐筹钱却被当作骗子。后来，她遇到了一名记者，事情开始出现转机。在记者的帮助和呼吁下，各级党委、政府和各界爱心人士鼎力支持，2008年，华坪女子高级中学终于建成。

为了让到女高读书的孩子不再辍学，也为了让更多女孩子走进女高读书，张桂梅经常进行家访。前些年，许多村寨还没有完全通公路，往往走访一家就要走好几个小时的山路，严重的类风湿、骨质疏松、肺病和过度劳累导致张桂梅几次晕倒在路上。华坪女子高级中学成立以来，张桂梅已家访超过1 600户，行程11万多千米。在学校，她每天早晨5点多就起床，挨个摁亮楼道里的灯，提着喇叭喊学生们晨读，晚上12点检查完所有的教室、巡

视宿舍后，她才休息。长年累月的工作，使张桂梅身体每况愈下。她身患20多种疾病，每天都要吃大量的药。但是她以对山区贫困学子的爱心，对教育事业的信仰，长期拖着病体忘我工作，将自己的工资、所获奖金和社会捐助诊疗费等100多万元全部用于兴教办学。

在张桂梅几十年如一日的坚守下，华坪女子高级中学的高考升学率逐年攀升，超过了不少市重点中学，帮助1 800多名女孩圆了大学梦，创造了大山里的"教育奇迹"。

  案例解读

"只要还有一口气，我就要站在讲台上，倾尽全力、奉献所有，九死亦无悔。"这是张桂梅在"七一勋章"颁授仪式上的发言，也是她对教育事业的执着信念。在茫茫滇西山区，半生坎坷半生奉献的张桂梅以弱小的身躯，不畏病痛，燃烧自己，点亮了大山女孩们的人生梦想，帮助一个个孩子改变人生的轨迹。

张桂梅把自己的全部身心献给了教育事业，献给了山区人民。在张桂梅的身上，我们看到了锲而不舍、坚定不移和无私奉献的高尚精神。大山里的"教育奇迹"，是一种坚持到底的奇迹，更是一种百折不挠的奇迹。张桂梅自己虽然无儿无女，却义务担任儿童福利院院长近20年，成为130多个孩子的"妈妈"。为了给寒冬腊月里发高烧的男生保暖，她把丈夫留下来的珍贵的毛背心送给了他；为了省下钱来资助学生，她戒掉了肉食，常年吃素。她说："为了能多救助一个不幸的孩子，我怎么做都值！"

作为一名山村教师，张桂梅把自己活成了一盏明灯，用生命践行使命，用情怀抒写担当，以实际行动兑现"只要还有一口气，就要站在讲台上"的诺言。

  延伸思考

1968年，24岁的路生梅从北京第二医学院儿科专业毕业。为响应"把医疗卫生工作的重点放到农村去"的号召，她踏上西行的列车，来到黄土高原深处的陕北小城——佳县，成为当地唯一科班出身的儿科医生。

县医院是两孔破窑洞，周围的荒野遍布坟头。在这里，喝的是毛驴驮来的黄河水，而且每人每天只给一瓢。睡的是土炕，还要忍受虱虫叮咬。没有人认为这个北京来的姑娘会待得久。然而,当地艰苦的生活环境和乡亲们医疗常识的匮乏,激起了路生梅作为一名医务工作者的担当。在给党组织递交的申请书里,她认真地写下这样的承诺——"为党工作 50 年,为佳县人民服务 50 年"。

50 余年来,她说到做到,多次放弃返京机会,扎根佳县,创办了佳县第一个正规儿科,创建了爱婴医院,推广新法接生、科学育儿,实施儿童计划免疫,为创建二级甲等医院做出了突出贡献。她秉持少花钱治大病、不花钱能治病的原则,坚持不滥用抗生素、激素,以医者仁心守护佳县百姓生命健康。

1999 年,操劳半生的路生梅退休了。西安、榆林几家大医院提出高薪返聘她,她一一谢绝,信守承诺,留在佳县。除了每周到医院义诊,平时来她家里看病的人也络绎不绝。退休后的 20 余年里,路生梅义诊的患者超过 15 万人次。

路生梅一生守一诺的事迹感动和激励了无数人,她先后获得"中国好人"、2020 年全国"诚信之星"、"最美医生"、第八届全国道德模范(全国诚实守信模范)等荣誉。

毛泽东在《卜算子·咏梅》一诗中写道:"风雨送春归,飞雪迎春到。已是悬崖百丈冰,犹有花枝俏。俏也不争春,只把春来报。待到山花烂漫时,她在丛中笑。"这首诗颂扬了梅花凌霜傲雪、不惧严寒、"俏不争春"的坚贞和美丽,不正是张桂梅和路生梅一生无私无畏、无怨无悔、默默奉献、执着追求理想的生动写照吗?亲爱的中学生朋友,你是否嗅到了两朵"梅花"沁人心脾的幽香?让我们一起将这种执着信念、坚忍不拔的奋进力量传递下去,播撒诚信向上的种子。

参考文献

[1] 光明网.张桂梅:用生命托起大山的希望[EB/OL].(2021-03-15)[2021-07-07]. https://m.gmw.cn/baijia/2021-03/15/34686418.html.

[2] 新华网."七一勋章"获得者、"校长妈妈"张桂梅:燃烧自己 点亮梦想[EB/OL].(2021-07-16)[2021-10-05]. http://www.moe.gov.cn/jyb_xwfb/s5147/202107/t20210716_545044.html.

[3] 共产党员网.路生梅:一诺 50 年[EB/OL].(2019-12-20)[2021-05-08]. https://www.12371.cn/2019/12/20/VIDE1576830743369232.shtml.

"不帮乡亲们拔掉穷根,决不罢休!"

2020年中央宣传部、国家发展和改革委员会向社会发布的"诚信之星"中,有丰宁满族自治县胡麻营镇河东村党支部书记、丰宁顺达集团董事长王福国的身影。王福国,1967年出生在河东村的一个农民家庭。他的父亲是个极其重视诚信的人,"父亲的言传身教,让我终身受用。"淳朴正直的家风造就了王福国诚信的品格。尽管几经磨难,但王福国诚信重诺的准则一直未变。13岁那年,王福国因家境贫困而辍学,他下定决心要走出穷山沟,闯出一条致富路。2002年,在历经诸多磨难后,他接下了一个年产两万吨铁精粉的小选厂。"人无信不立,企无信不昌",王福国把诚信作为立身之本、企业发展之基。经过十几年的诚信经营,他的顺达集团逐渐发展成为一家集矿业、农业、房地产、金融、水利工程等为一体的多元化企业集团。

作为顺达集团驻地的胡麻营镇后营子村和姜营子村,自然条件恶劣,群众生活困难。低矮的房屋、四处冒烟的土炕,破旧的被褥……职工们困难的生活场景,每每让王福国历历在目、忧心忡忡。王福国下定决心:"我一定竭尽所能,帮乡亲们过上好日子!"2006年春天,王福国首先拿出115万元,帮助两个村改滩造田500多亩,并全部进行水利配套。随后,他先后投资100多万元,为胡麻营乡4个行政村打深水机井10眼,使1 200亩旱田变成水浇地,当地群众的人均经济收入也由2 000元增加到5 000多元。面对连年干旱造成的水位下降,他为几个饮用水严重匮乏的自然村打饮用水井366眼,解决了2 000多口人及500多头大牲畜的饮水问题。2010年和2012年,他先后投资5 000多万元,为后营子村两个组的村民无偿建起占地2万多平方米的住宅楼,110户450多口人住进了崭新的楼房。

说到王福国当选村党支部书记的故事,还要从2011年河东村"两委"改选讲起。当时,村里一穷二白、矛盾重重,家里人劝他别掺和,省得费力不讨好。而村民们却都认准了王福国,盼着他回村。面对选择,王福国说:"我是一名共产党员,带领父老乡亲共同致富,是我应有之责。"当年12月20日,

44岁的王福国被选举为河东村党支部书记。"不帮乡亲们拔掉穷根,决不罢休!"在党员和群众代表大会上,王福国郑重承诺。要想让农民实现稳定致富,王福国深知必须从产业上做文章。他带领村"两委"班子,从了解村情民意着手,访专家问发展计策,最终谋划了河东村"以工哺农,建立农业产业基地"的发展思路,确立了"农村公司化、农业产业化、农民市民化"的发展目标。2011年5月,他从自己的公司挤出8 000万元,成立了荣达农业公司。荣达农业公司负责引种、育苗、技术指导以及产品回收销售等工作。农民把耕地租给荣达农业公司,每亩地年获租金收入1 000元;荣达农业公司把大棚承包给农户,剩余劳动力还可来公司打工,每人又得到2 000多元的月工资收入。这样,群众有了稳定的收入。几年来,全村60%的农户都成了园区的一员,户均流转土地5亩,年获租金收入5 000元,加上在园区务工的工资收入,人均年增收3 000多元。在王福国的带领下,河东村人均纯收入从2011年2 000多元提高到现在的1万多元,村集体经济积累也从无到有,达到1 000多万元。

村民生活富裕起来后,王福国发现,村里赌博的、不孝敬老人的、乱倒垃圾的、毁坏公物的现象时有发生。富了口袋,绝不能穷了脑袋!2015年春,河东村建立了河北省首家"道德银行",并从集体收入中拿出4万元,建立了"爱心超市",购进各类日常生活用品,村民可根据积分数量到"爱心超市"兑换奖品。"道德银行+爱心超市"的建立,让孝敬老人、夫妻和睦、勤劳致富成为风尚。2017年11月,河东村被评为"全国文明村"。

案例解读

担任村党支部书记的王福国帮助1.6万群众解决了生活、出行、上学、就医等方面的困难;出资300多万元慰问全县五保户和敬老院的老人;出资30万元资助16名考上大学的贫困学子完成学业;在全县脱贫攻坚中主动请缨、勇挑重担,帮助三个村庄改变落后面貌……多年来,他始终以一名共产党员的守信和奉献精神关爱百姓、回馈社会,以强烈的社会责任感引领身边人坚守道德底线、涵育诚信品质。

延伸思考

徐春华,金溪县秀谷镇徐坊村原新农村建设理事长。因为父亲临终的一席话,他扑下身子把大部分精力投入家乡建设,在徐坊村拔穷根、拓富路、美乡村、养精神的道路上呕心沥血,以突出的个人能力和人格魅力,带领乡亲把贫穷破落的徐坊村打造成"明星村"。目前,村民人均年收入3万余元。治村有方的徐春华也获得了"江西好人""江西省优秀共产党员""江西省城乡社区建设先进志愿者""江西省新农村建设优秀理事长""2019年度全国十大诚信之星"等荣誉称号。2020年4月,徐春华因病故去。尽管斯人已逝,可是在徐坊村的每个角落依然可清晰地感受到,多年来徐春华为了改变家乡贫穷落后面貌,一点一滴刻画下的奋斗印记。

全国文明村、中国美丽乡村、全国美丽宜居村庄示范点和国家3A级旅游景区,这些都是徐坊村现在的"标签"。可就在十多年前,徐坊村却不是这样一副俏模样。徐坊村坐落于济广高速与金溪大道之间,曾经是出了名的贫困村,生产生活环境十分不堪。巨变始于父亲的嘱托:"有能力了,要为家乡做点事。"1999年,徐春华的父亲——一名老公社副书记临终前这样嘱托其子徐春华。从此,徐春华牢记父亲的遗言,把人生中最好的精力和岁月回报给了乡土。徐春华是村民公认的能人,年轻时不仅在家乡建立了金溪皇妃星绢纺丝被服有限公司等企业,还在外地办了几家公司。2004年,徐春华45岁,他以中年人特有的魄力,着力打通贫穷徐坊的"梗阻",在硬件上遵循要致富先修路的铁律,修了两条环村公路;在软件上重视精神力量的涵养,将已倒塌的祠堂改建成村民文化活动中心。两项工程共花费了60多万元,除了村民筹措的4.3万元,其余费用由他自掏腰包。

2006年,徐坊村召开村民大会,大家一致推选徐春华担任徐坊村新农村建设理事长。"我当时感到很惊讶,也很纠结。惊讶的是乡亲们对我如此信任,纠结的是我有自己的事业,而农村工作千头万绪,能否搞好是一个问题,思量再三后我还是接下了这份重担。"徐春华曾在采访中这样说道。徐春华像一只不知疲倦的归雁,开始在徐坊村衔泥筑巢。身为一名党员,徐春华深知个人的力量有限。上任后,他依靠和发挥基层党组织的战斗堡垒作用和党员干部的先锋模范作用,多渠道筹集项目资金,带领全体村民从改水、改路、改电、建厕、拆旧建新开始，一砖一瓦建设美丽新家园。十多年来，他坚持做义工，有时候一做10个小时。在他的影响和带动下，村民做义工27 000多个小时，节约资金300余万元，先后修建了文化休闲长廊、水上世博中国馆等几十项民生工程，建设的"六纵六横"网络排水系统，有效实现雨污分流。徐坊村也因此成为全县最早的"海绵村庄"。

　　1999年，40岁的徐春华正处事业的攀登期，岁月的打磨和个人的努力使他拥有一份在世人眼中格外成功的事业。但就是为了坚守父亲的一句临终嘱托，他毅然决然放弃了优渥的条件，十几年如一日地投身家乡建设。"美丽乡村"没能留住徐春华的生命，他的事迹和精神却永远留在每个村民的心中。

　　无论是王福国还是徐春华，他们致富后不忘初心，践行诺言，带领乡亲脱贫，让落后的村庄蝶变为美丽的新家园。少年是祖国的未来，建成富强民主文明和谐美丽的社会主义现代化强国，实现中华民族伟大复兴的中国梦，需要一代代人的接续奋斗。我们要自觉刻苦学习，练就本领，长大后报效祖国。

参考文献

[1] 尉迟国利."不帮乡亲们拔掉穷根，决不罢休！"——记2020年诚信之星获得者、丰宁满族自治县河东村党支部书记王福国[EB/OL].(2021-02-08)[2021-03-15]. http://hbrb.hebnews.cn/pc/paper/c/202102/08/content_72595.html.

[2] 中国日报网.衔泥筑巢十六载——记投身家乡建设奋斗到底的乡贤徐春华[EB/OL].(2020-05-15)[2021-03-20]. https://baijiahao.baidu.com/s?id=1666748801320517267&wfr=spider&for=pc.

生命,为祖国澎湃

2017年1月8日,是个值得我们铭记的日子。在这一天,吉林大学新兴交叉学科学部学部长,地球探测科学与技术学院教授、博士生导师黄大年永永远远地离开了这个他付诸无数心血的世界,但是黄大年的精神却是永恒的。

黄大年,1958年8月出生,1988年1月加入中国共产党。他在入党志愿书中写道:"人的生命相对历史的长河不过是短暂的一现,随波逐流只能是枉自一生,若能做一朵小小的浪花奔腾,呼啸加入献身者的滚滚洪流中推动历史向前发展,我觉得这才是一生中最值得骄傲和自豪的事情。"

在海外,作为英国剑桥ARKeX地球物理公司的研发部主任,黄大年曾带领一支包括外国院士在内的300人"高配"团队,实现了在海洋和陆地复杂环境下通过快速移动方式实施对地穿透式精确探测的技术突破。2004年3月,黄大年的父亲突然病重,进入弥留之际。此时,黄大年正在1 000多米的大洋深处进行"重力梯度仪"军用转民用领域的技术攻关。如果不是英国导师极力推荐,美方不会让一个中国科学家参与其中。黄大年把眼泪咽到肚子里,坚持做完试验。再次回到陆地时,他的父亲已入土为安。

两年后,同样的试验从潜艇搬上飞机,黄大年的母亲临终前嘱咐爱子:"……早点回国,给国家做点事情……"

黄大年青年时期就立下"振兴中华,乃我辈之责"的宏大志向。2008年,黄大年放弃国外优越条件回到祖国。在他的感召下,一大批在海外享有较高知名度的专家纷纷回国效力。

踏上祖国的土地后,黄大年作为首席科学家,组织全国400多位来自高校和科研院所的优秀科技人员,开展"高精度航空重力测量技术"和"深部探测关键仪器装备研制与实验"两个重大项目攻关研究。归国7年时间里,他带领科研团队突破国外高精度探测装备技术封锁,推动中国真正进入"深地时代"。

在学生们心中,黄大年从来不是一个"高高在上的学术权威",而是一个

"严师慈父的长辈"、一个"推心置腹的朋友"。他倾尽心血为国育才,言传身教、诲人不倦,叮嘱学生"出去了要回来,出息了要报国",为国家培养出一批"出得去、回得来"的优秀科技人才。最后清醒的日子,黄大年还倚在床上、打着点滴,为学生们答疑。

2017年1月8日,黄大年内脏出现大出血,他永远地休息了……甚至没有来得及看到刚出生的外孙……

案例解读

黄大年教授走了,带着他对祖国的无限眷恋,带着他对事业的无限留恋,带着他对学生的无限惦念……人们默默垂泪,多名学生跪倒,痛哭失声……

斯人已逝,精神长存。黄大年用他的生命树立了一座丰碑和一个标杆。无论身在何方,黄大年内心永远牵挂着这片生他养他的土地。黄大年曾说:"作为中国人,无论在国外取得多大成绩,都不是真正意义上的成功。我是国家培养出来的,从来没觉得我和祖国分开过,我的归宿在中国。"这是一个多么朴实又感人的答案啊!

虽然中学生没有黄大年这样的人生经历,但是可以从自身做起,用自己的行动来践行对国家的热爱之情。作为学生,要注重学习,学成之后报效祖国,回馈社会,把祖国建设得更加强大,把社会建设得更加美好,这就是最好的爱国。

延伸思考

"天眼之父"南仁东是我国著名的天文学家,是国家重大科技基础设施建设项目——500米口径球面射电望远镜工程的发起者和奠基人。他主持攻克了诸多难题,为"中国天眼"工程做出了重要贡献。他身体力行,长期默默无闻地奋战在科技工作第一线,与团队一起通过不懈努力,克服重重难关,建成了世界第一大单口径球面射电望远镜。

2017年9月15日,中国天眼震撼世界时,后方却传来了噩耗,南仁东先生与世长辞。据他的团队成员回忆,在项目后期,南仁东的身体出现了状况,但是直到2014年患病做完手术,他都坚持参加工程例会。那时由于声带受损,南仁东的声音变得非常沙哑,说话非常吃力,这让大家倍感心疼。从壮年到暮年,南仁东率领团队,在祖国西南的崇山峻岭中埋头一干就是22年。即便后来得了肺癌,南仁东心里还是放不下"天眼"。第一个化疗疗程结束,他就马上投入工作。

一个天文学家,一个地理学家,南仁东和黄大年为我们诠释了什么叫作"鞠躬尽瘁,死而后已"。他们曾经和我们一样,都是怀揣星辰大海的少年啊!一个人的梦想能有多大?大到可以直抵苍穹。一个人对祖国的爱可以坚持多久?久到能够穿越一生。民族精神、理想、信仰,究竟有多大的力量?在我们这个民族的血液中,就拥有着这样一种不可思议的力量。可以说从一开始,他们就做好以身许国、一生献科学的准备。

功崇惟志,业广惟勤,中学生能做的就是永远保持一颗探索科学真理的求知心,对自己诚,对国家诚,把个人理想追求融入波澜壮阔的国家和民族事业。

参考文献

[1] 共产党员网.黄大年:生命,为祖国澎湃[EB/OL].(2020-05-05)[2021-10-12]. https://www.12371.cn/2020/05/05/ARTI1588660930658437.shtml.

诚信修身篇总结

中国古代先贤十分看重"诚信"的品格。《论语》中孔子所提倡的"诚信",就是教导学生如何通过修养德行,锻炼与人相处的能力来获得他人的信任。可见,诚信不是抽象的概念,而是具有个体实践色彩的行为准则,在时代的变迁中持续发挥着教育、引导作用。

本篇从个人层面出发,围绕为人、治学、交往、生活、事业等角度,选取了与诚信相关的典型案例,向同学们展现古往今来以诚信修身的实践者和领路人,感受诚信在个体成长、人际往来、事业发展、人生追求等方面的人格塑造作用。其中有光耀千秋的历史名人,也有籍籍无名的普通民众;有高门贵族的敦厚君子,也有贫苦寒门的质朴民工;有懵懂稚子,有锐意少年,有企业领导,有还乡军人……他们共同的选择是诚信,相同的底色是不矫饰、不欺瞒,直面真实,敢于承担。为人处世,言而有信、行而有果;与朋友交,以诚相待、不问得失;治学著书,不谋私利、坦荡从容;经商营利,敢于担当、取财有道……诚信是一切个体成长与发展的基础,是社会稳定有序运转的内在力量。

那么,一个人怎样才是真正的诚信呢?我们或许会因他人的评价、尊长的期待、社会的舆论、法律的约束而做到诚实,或许会因为名声、地位、角色、利益而选择诚信,然而这些都算不上真正的诚信。只有在遵从内心的本真,依循自我的人格期待下,并且为了达到这一自我期许,不惜放弃一切唾手可得的名利、地位、权势,我们才可以肯定地说,我们真正做到了对自己诚实。

诚实是属于君子的风范,"看似寻常最奇崛,成如容易却艰辛"。没有对自我人格的高度期待,没有付诸实践的魄力,诚信只能是口头的装饰、虚假的卖弄。因此,一个人要想真正成为诚信的君子,只有在细节处不懈怠,琐碎处不轻视,困难处能坚韧,利益处有底线,权势前守正气,才能逐渐涵养诚信之风。只有将诚信铭记在心,才能稳行于脚下。

思考题

1. 作为中学生,在日常的校园生活中,你是否能够践行诚信?如果和你关系要好的同学未按时完成作业,想要抄你的作业应付老师,你要如何恰当地回应这一请求呢?

2. 在人际交往中,有时出于礼节,我们似乎不能做到完全的诚实,这是否是一种不诚实的表现?你认为不诚信与礼节得体有什么区别?

诚信体验活动

信 任 的 人

一、指导语

根据游戏主持者提出的问题,全体同学通过观察和感觉去寻找自己觉得可以信任的人,找到后双方进行交流。交流时,一方主动介绍自己并说出选中对方的理由,另一方认真倾听对方的自我介绍,体会当时的感受。

二、活动步骤

1. 游戏主持者组织学生站成一个大圈,要求不说话,用眼睛环顾四周的每位同学。

2. 游戏主持者提出第一个问题:"如果你今天休息一天,想找个玩伴,这里面你最想找谁?"

3. 每位学生用眼睛和心去寻找,找到"信任的人"后,走到他(她)的旁边,用一只手搭在他(她)的肩上(可以出现多个人的手搭在一个人身上的情况),每个人都找到一位"信任的人"。

4. 找到"信任的人"后,向对方介绍自己的名字和性格,以及信任对方的理由。然后反过来,被选中的人介绍自己的名字和性格,谈谈此刻的心情。

5. 游戏主持者提出第二个问题:"马上就要期中考试了,你在学习上遇到了困难,最可能找谁寻求帮助?"重复步骤3和步骤4。

6. 游戏主持者提出第三个问题:"今天你遇到了伤心事,和父母(同学)吵架了,情绪低落。想找一个倾诉的人,你最想找谁?"重复步骤3和步骤4。

7. 游戏主持者提出第四个问题:"刚才在体育课上,你与其他班同学发生冲突,被人欺负了,心里有点委屈,要找个帮你出头的人。你最想找谁?"重复步骤3和步骤4。

8. 最后由主持者组织,进行活动后的分享。

三、问题讨论

1. 你是按照什么标准去寻找自己"信任的人"的?

2. 你被他人确定为"信任的人"时心情如何?

3. 你觉得主动交往和被动倾听有何不同?

4. 在找人游戏中,你被多少人确定为"信任的人"?

四、注意事项

1. 游戏主持者要关注部分特殊个体,如不主动参与活动或者没有被搭到肩膀的学生,在活动中给予适度的引导,让他们感受主动交往和被人关注的愉悦。

2. 在活动过程中,有些学生十分受人欢迎,被许多人选为"信任的人",在交流时,可能会出现与多人交谈的热闹场面,游戏主持者要有效引导和适度控制,可以请这样的学生在全班做重点交流。

参考文献

[1] 杨敏毅,周嘉,张静.中学班级心理辅导活动60例[M].北京:中国轻工业出版社,2015.

信任背摔

一、指导语

信任你的队友们,勇敢地挑战自我,锻炼勇气,放心向后倒吧!

二、活动步骤

1. 承担保护任务的队员分成两排,面对面呈弓步站好,同时头往外仰并看向背摔台方向,伸出手臂形成一个安全网,用来接住从背摔台上倒下来的挑战者。

2. 一位挑战者站在背摔台上,背对保护者,双手握紧,双臂伸直夹紧,并用布绳把手臂与身体绑在一起,以防止倒下时出于惊慌,双手张开伤到保护者。

3. 挑战者在倒下之前大声地问:"我是某某,我准备好了,你们准备好了吗?"这时保护者大声回应:"准备好了。"

4. 主持人喊:"一、二、三,倒。"此时挑战者保持身体直立的状态向后倒去,落在保护者用双臂组成的安全网上,挑战结束。

5. 换另外一位队员站到台上做挑战者。鼓励每一位队员都做一次挑战者,挑战自我,提升自信。

三、问题讨论

1. 作为挑战者,刚刚倒下时,你是怎样想的?当同伴稳稳地把你接住时,你又有什么感觉?

2. 这个游戏带给你怎样的收获?

四、注意事项

1. 特别强调:保护者在活动中要集中注意力,接好挑战者,手臂要紧紧相靠,严禁把手松开,如果发现挑战者倒歪了,要注意把头避开。

2. 挑战者脚后跟要紧靠在背摔台的边缘,倒下时不要惊慌,更不要把脚直接踩到保护者的手臂上。

3. 挑战者在倒下过程中身体要保持直立状态,这样倒下触到保护者的手臂组成的安全网时才能受力均匀,双方才不会感到痛。

4. 挑战者的手臂要夹紧,不要打开,以免撞击到保护者,要确认保护者准备好了才能倒。

5. 挑战者身上如果有钥匙、手表、手机等硬物,要先暂时取掉。

参考文献

[1] 罗家永.心理拓展游戏270例[M].福州:福建教育出版社,2014.

诚信齐家篇

曾子杀彘

有一次,曾子的夫人准备去集市赶集,她的孩子看到母亲要出门,哭喊着也要跟去。急着出门的她对孩子许诺:"你在家里待着,等我回来就杀猪给你吃。"曾子的夫人赶集回来,就看见曾子要捉猪去杀。她赶忙劝阻,说:"我只不过是跟孩子开个玩笑罢了,不用真的杀猪吧。"曾子说:"夫人,这可不能开玩笑啊!孩子不知道你在和他开玩笑。他还没有思考和判断能力,这时候就会向父母亲学习,听从父母给予的教导。现在你欺骗他,就是在教孩子骗人啊!母亲欺骗孩子,孩子就不会再相信自己的母亲,这不是教育孩子的正确方法。"于是曾子把猪杀了,煮给孩子吃。

案例解读

曾子,名参,字子舆,春秋末年鲁国南武城(今山东临沂市平邑县)人。他勤奋好学,十六岁拜孔子为师。他积极推行儒家主张,传播儒家思想。他性情沉静,举止稳重,为人谨慎,待人谦恭,以孝著称。齐国欲聘他为卿,他因在家孝敬父母,辞而不就。他既提出"慎终(慎重地办理父母的丧事)、追远(虔诚地追念祖先)、民德归厚(要注重人民的道德修养)"的主张,又提出"吾日三省吾身"(《论语·学而》)的修养方法,后世儒家尊他为"宗圣"。他上承孔子之道,下启思孟学派,对孔子的儒家思想既有继承,又有发展和建树,为五大圣人之一。

在教育孩子的问题上,我们也能感受到他身上的儒家文化。父母是孩子的第一任老师,要以自身诚信的品质去教育、影响后代,这体现了儒家"言必信"的道德理念。不少父母为了哄孩子一时听话,会像曾子的妻子一样采用欺骗的办法。曾子当然知道妻子不过是说说而已,但他显然比妻子想得更长远。为了不失信于孩子,曾子竟真的把猪杀了。曾子用其言行告诉人们,为了做好一件事,应言而有信、诚实无欺。父母若要培养孩子诚信的品质,言传身教至为重要。只有用诚信的方法与孩子相处,在生活的点滴中春风化雨,才能培养孩子心口如一、信守承诺的良好品质。杀掉一头猪,对一个古代普通家庭来说,代价是比较大的,眼前利益的确受损。但从家庭教育的长远利益来看,曾子纠正了妻子随口哄孩子的错误,从而让孩子明白言出必行的重要性,为孩子树立了一言九鼎的学习榜样。一头猪换万金诚信,这是值得的。这则故事告诉父母,教育孩子,身教重于言教。小到市井百姓,大到位高权重者,坚守诚信才能守住社会伦理的底线。

延伸思考

孟子是战国时期伟大的思想家、教育家,儒家学派的代表人物,与孔子并称"孔孟"。后世追封孟子为"亚圣公",尊称为"亚圣"。孟子的成就离不开母亲的教育。相信大家都知道孟母三迁的故事,孟母对孟子的教育可谓不遗余力。其实,孟母不仅重视外在的教育环境,更注重内在的道德教育。下面这则故事中的孟母就是在生活中于无声处,一点一滴滋养着孟子诚信的品德。

小时候,孟子看见邻居家在杀猪,就问母亲:"邻居家杀猪干什么?"孟子的母亲开玩笑说:"想给你吃。"母亲说完就后悔了,自己对自己说:"我怀这个孩子的时候,坐席摆得不端正我不坐,肉切得不正我不吃,这是胎教。现在孩子刚刚懂事,我就欺骗他,是教他不诚实。"于是孟子的母亲买了邻居家的猪肉让他吃,证明她没有欺骗孟子。

像曾子的妻子一样,很多家庭在教育子女时很难做到言出必行,大人们有时把说出的话当作玩笑,有时会给自己的言出不行找诸多借口。或许那些都是小事,但家人的言传身教在孩子价值观形成初期起着至关重要的作用。孟子的母亲就清楚地知道,想要教育出怎样的孩子,就要先成为怎样的家长。如果想要教育出诚信的孩子,家长就要言必行,行必果。

如今,很多家庭都很注重胎教,认为怀孕期间多听音乐,多看美丽的风景,对孩子的发育有好处,将来孩子会更聪明美丽。从上文看,我国2 000多年前就有胎教了,孟母怀孟子时"席不正不坐,割不正不食",大概就是希望将来的孩子为人正直。但一切美好的愿望,不能只靠外界的辅助,更多的是需要父母在孩子成长过程中能言传身教,知行合一。作为中学生,我们希望从父母身上传承哪些好品质呢?

参考文献

[1] 李世平.诚信故事100例[M].上海:立信会计出版社,2017.

走近诚信：诚信故事伴我行

破镜重圆

　　破镜重圆这个成语故事来自华阴人、隋越国公杨素的一段成人之美的佳话。

　　南陈后主陈叔宝有一个妹妹，被封为乐昌公主，是当时有名的才女兼美女。成年后，她嫁给太子舍人徐德言为妻。隋开皇九年（589年），杨素与隋文帝杨坚的两个儿子南下灭陈，俘虏了陈后主叔宝及其嫔妃、亲戚，其中就有乐昌公主。由于杨素破陈有功，加之乐昌公主才色绝代，隋文帝就乱点鸳鸯，将乐昌公主赐予杨素。杨素既仰慕乐昌公主的才华，又欣赏乐昌公主的美色，因此对其十分宠爱，还为其专门建造了宅院。然而乐昌公主却终日郁郁寡欢，默无一语。

　　原来，乐昌公主与丈夫徐德言两心相知，情义深厚。陈国将亡之际，徐德言曾流着泪对妻子说："国已危如累卵，家安岂能保全，你我分离已成必然。以你这般容貌与才华，国亡后必然会被掠入豪宅之家，我们夫妻长久离散，各居一方，唯有日夜相思，梦中神会。倘若老天有眼，不割断我们今世的这段情缘，你我今后定会有相见之日。所以我们应当有个信物，以求日后相认重逢。"说完，徐德言把一枚铜镜一劈两半，夫妻二人各藏半边。徐德言又说："如果你真的被掠进富豪人家，就在明年正月十五那天，将你的半片铜镜拿到街市去卖，假若我也幸存人世，那一天就一定会赶到都市，通过铜镜去打听你的消息。"一对恩爱夫妻，在国家山河破碎之时，虽然劫后余生，却受尽了离散之苦。好不容易盼到第二年正月十五，徐德言经过千辛万苦，终于赶到都市大街，果然看见一个老人在叫卖半片铜镜，而且价钱昂贵，令人不敢问津。徐德言一看半片铜镜，知妻子已有下落，禁不住涕泪俱下。他不敢怠慢，忙按老者的要价给了钱，又立即把老者领到自己的住处。吃喝已罢，徐德言向老者讲述一年前破镜的故事，并拿出自己珍藏的另一半铜镜。两半铜镜还未吻合，徐德言早已泣不成声……卖镜老人被他们的夫妻深情感动得热泪盈眶，他答应徐德言，一定要在他们之间传递消息，让他们夫妻早日团圆。徐德言就着月光题诗一首，托老人带给乐昌公主。诗云：

镜与人俱去,镜归人不归。

无复嫦娥影,空留明月辉。

乐昌公主看到丈夫题诗,想到与丈夫咫尺天涯,难以相见,更是大放悲声,终日容颜凄苦,水米不进。杨素再三盘问,才知道了其中情由,也不由得被他们的真情深深打动。他立即派人将徐德言召入府中,让他们夫妻二人团聚。乐昌公主看到当年风流倜傥的徐德言两鬓斑白,而徐德言看到变为别人妾室的乐昌公主,两人感慨万千。杨素见此情此景,让乐昌公主对此景赋诗一首。于是乐昌公主吟道:

今日何迁次,新官对旧官。

笑啼俱不敢,方验做人难。

杨素听后非常感动,决定成人之美,把乐昌公主送还给徐德言,并出资让他们回归故里养老。府中上下都为徐陈二人破镜重圆和越国公杨素的宽宏大度、成人之美而感叹不已。后来,夫妻二人携手同归江南故里。这段佳话被四处传扬,于是有了破镜重圆的典故。

 案例解读

该故事讲述了一对恩爱夫妻,经历山河破碎,虽然劫后余生,却受尽了离散之苦。但乐昌公主和徐德言坚守爱情誓言、信守承诺,终于再次团聚。其实,当时陈已亡,乐昌公主已为庶人,可想而知,她若留在杨素家里,一定比回到徐德言身边的日子好过。身为文人,流离在外的徐德言不太可能给乐昌公主更好的生活条件,但乐昌公主有情有义,不慕荣利,信守誓言,这才成就了这段人间佳话。和谐的家庭需要和谐的夫妻关系,和谐的夫妻关系需要双方去维护和经营。维护和经营最大的力量来自情真意切、诚信尊重。

 延伸思考

东汉初年大司空宋弘,为人正直,做官清廉,对皇上直言敢谏。宋弘先后为汉室推荐和选拔贤能之士三十多人,有的官至相位。光武帝刘秀对他甚为信任和器重,封他为宣平侯。

宋弘早年娶妻,但妻子一直没有生育。在古代有"不孝有三,无后为大"

的说法,因而亲戚朋友们都劝宋弘趁早娶个二房,早点继承香火。宋弘却一脸严肃地说:"我的妻子自从嫁给我就和我吃苦受累,她宁可自己承担家里重担,也要让我安心读书上进。一个男人是不该喜新厌旧的,否则,为君者必殆于政事,为臣者将难于守职。我处世光明磊落,绝对不会做忘恩负义的事情。"

光武帝的姐姐湖阳公主新寡后,郁郁寡欢,她还很年轻,很想再找个丈夫。光武帝探知姐姐喜欢宋弘,就想从中撮合他们。一天,光武帝召见宋弘,让公主在屏风后观听。刘秀对宋弘说:"俗话说,地位高了换朋友,钱财多了换老婆。这合乎不合乎人情呢?在我朝中,像你这样还守着一个老婆过的大臣已经不多了,难道你就不想换个妻子吗?"宋弘不假思索地说:"我觉得,一个诚实守信的正派人在处理个人生活问题的时候,应该做到'贫贱之交不可忘,糟糠之妻不下堂',同甘苦、共患难的人是应该始终相守在一起的。有钱有势后就喜新厌旧,那是势利小人的所为,我是看不起这些人的。"

宋弘已经把话说到这个份儿上,光武帝也就不好再张口提湖阳公主的事情了。宋弘走后,光武帝对湖阳公主说:"宋弘的话,你都听见了,看来他是不会弃妻另娶了。姐姐还是另做考虑吧。宋弘是个真君子啊!"

能够和皇帝攀上亲戚,成为皇帝的姐夫,这是很多人求之不得的,宋弘却坚持"糟糠之妻不下堂",坚守道义,对妻子忠贞不二。很多人认为,夫妻关系是社会的第一关系。夫妻之间互相忠实、互相尊重、互相关爱,家庭才能美满幸福。家庭既是个人情感的港湾,也是最小社会单元。家庭和睦幸福则社会安定祥和,维护真诚、平等、和睦的婚姻家庭关系对于构建和谐社会至关重要。

参考文献

[1] 李世平.诚信故事100例[M].上海:立信会计出版社,2017.

[2] 少年百科.宋弘 糟糠之妻,不可下堂[EB/OL].(2019-01-10) https://www.zww.cn/baike/ebook/1/386100/386148.htm.

刘庭式娶盲女

苏东坡曾记载，山东人刘庭式在还没中举的时候，想迎娶同乡人的女儿。后来两家有了婚约，但男方还没给女方送礼（我国古代婚礼有六礼：一问名，二订盟，三纳采，四纳币，五请期，六亲迎。这里的送礼是指纳币）。当时两人早已情投意合，非卿不娶，非君不嫁。但是刘庭式中举后回乡，发现自己的未婚妻因患疾病，两眼都看不见东西。女方是农耕之家，很穷，不敢再提起婚事。有人规劝刘庭式迎娶那家健康的小女儿，他笑着说："我的心已经许诺她了。虽然她看不见东西，难道能违背我早先的心意吗？"最终刘庭式没有食言，与她白头到老。

案例解读

刘庭式履责践诺不食言。即使他中举升官，也不改初衷，信守承诺，其诚信与积极承担责任的崇高品质值得后人学习。

或许从旁人的角度来看，刘庭式如果想另娶，可以有很多理由。一是"未纳币也"，事情还没有定，并没有真正迎娶。二是"两目皆盲"，情况有了变化。古有"七去"，又称作"七弃""七出"，是中国封建社会休弃妻子的七种理由：不顺父母，为其逆德也；无子，为其绝世也；淫，为其乱族也；妒，为其乱家也；有恶疾，为其不可与共粢盛也；口多言，为其离亲也；窃盗，为其反义也。据此，即使已经迎娶了也可以因为"恶疾"休妻，更何况还未真正过门呢？三是"贫甚"，两人可以说已经门不当、户不对。四是女方家"不敢复言"，女方并没有给其施加压力，刘庭式也不会受到社会舆论和道德的谴责。五是有人提出了一个折中方案，"纳其幼女"。但刘庭式却笑着说："吾心已许之矣。虽盲，岂负吾初心哉！"

刘庭式的一诺千金，其宝贵之处在于，他信守诺言不是因为法律的制约（未完成三书六礼，不受法律保护）、道德的谴责（不论是女方还是社会，都没有对他提出必娶的要求），而是遵从内心的许诺（我的心已经许诺她了）。就像延陵季子心中暗许将宝剑送给徐国国君，即使国君已故，仍信守内心的承诺,将宝剑挂于国君坟前树上。可以说,这是诚信的最高境界。

苏轼任密州知州时,刘庭式为通判。由于苏轼在当时文坛和政坛上的重要地位,刘庭式遵约守信、不负盲女的事迹很快随着苏轼的言谈和文章而流传开来。

延伸思考

新疆轮台县策大雅乡其格里克村四组维吾尔族村民托乎提·可热木,用多年来对瘫痪兼双目失明的妻子悉心的照顾,诠释了什么是相濡以沫、不离不弃,展现了一个丈夫勇于担当的风范。

1991年,憨厚帅气的托乎提·可热木与漂亮贤惠的阿依仙古丽·斯拉木组建了家庭。刚过上幸福生活,还没来得及生儿育女的阿依仙古丽在1995年患病导致下身瘫痪,生活不能自理。多次求医换来的都是"早作打算,安排好后事"的医嘱,阿依仙古丽怕拖累丈夫,劝他再找一个对象。一些好心人也给托乎提·可热木介绍了不错的对象。可是身为男人,托乎提·可热木想起当初的誓言,毅然肩负起丈夫的责任,陪伴在妻子身边,悉心照料。托乎提对妻子不离不弃、矢志不渝的真爱,得到了回报。阿依仙古丽在丈夫的悉心照料下,每日同病魔顽强地抗争着,20多年过去了,他们仍旧在创造着生命的奇迹。

2008年,阿依仙古丽又突患眼疾而致双目失明,生活更加艰辛。她不忍丈夫承受重担,几次欲弃夫而去,都被托乎提及时发现并挽救回来。从此以后,托乎提更是与妻子形影不离,不断开导、安慰妻子。托乎提肩上的担子虽然更重了,可他用真心真情、不离不弃的爱,支撑起这个家庭,更为妻子筑起一片爱的港湾。每天早晨6:30,托乎提就要起床,先为妻子解决好大小便问题,再为她擦洗身体,然后进行1~2小时的肌肉按摩,接着就要开始烧水准备早饭。打扫庭院、喂养牲畜、清洗被褥都是上午要干的活。下午,托乎提要编扎扫把、打理农务、储备牲畜饲料。有农活要忙时,托乎提都会叫来亲戚帮忙照看妻子。忙完活计,他就要赶回妻子身边,日子过得非常辛苦。在托乎提的悉心照料和不断开导下,妻子的心结解开了,心情好转了很多。同时,在国家优惠政策及乡政府党员干部的帮助下,托乎提的生活也有了很大改善,他们不仅领到了每月生活补助,还住进了富民安居房。托乎提脸上的笑容也多了。

"对妻子我是有承诺的,我要好好照顾她一辈子。"这就是一个普普通通的男人对妻子爱的承诺。这份承诺也成了他20多年不离不弃的动力源泉。

家庭是社会的一面镜子,是社会的基本单元。夫妻和睦,家庭必然稳定。社会的稳定和发展是靠每一个家庭的通力合作完成的。过去讲究男耕女织、男主外女主内,现代社会男女都承担着家庭和社会的责任。责任面前人人平等,无论男女,无论疾病、健康,无论贫穷、富有,都应该敢于担责,信守承诺。

参考文献

[1] 李世平.诚信故事100例[M].上海:立信会计出版社,2017.

姚 母 教 子

姚梁从小聪颖过人,过目成诵。民间对其有"眼观九行,过目不忘"的传说。姚梁一生为官清廉,政绩斐然,备受尊敬。这得益于姚梁从小受姚母诚信教育的熏陶。姚梁的母亲姓陈,虽然姚梁从小就聪慧过人,但姚母依然对他从严要求,哪怕姚梁做了官,姚母都要不时提醒他。

一次,朝廷赐封姚梁为按察司(中央监察机关在地方的分支机构,对地方官员行使监察权),派他去各州府查办贪官污吏。姚母知道了这件事,担心儿子胜任不了这件大事,决定要试一试他。一日黄昏,姚梁刚从外面回家,姚母劈头便问:"梁儿,我中午煮了一大碗香蛋,好端端地放在橱内,晚上打开橱门一看,竟然少了三个,莫非是媳妇偷吃了?你要替我查一查,我要对家贼施行家教呢!"姚梁听了觉得好笑,心想:家人吃几个香蛋,也值得这么认真?于是姚梁便对母亲说:"几个香蛋吃了便算了,不必追究吧。"不料母亲却认真地说:"你连家中小事都分不清,还敢上州下府去查案?"姚梁一听,明白了母亲的用意,随即找来几个脸盆、牙杯,盛上清水,叫拢全家人,分给每人一个脸盆、一支牙杯,吩咐大家一齐漱口,并把口中的水吐入各自面前的脸盆中。姚梁逐个观察过去,别人脸盆的口水都是清清的,唯有母亲脸盆的水中漂着一些碎蛋黄。姚梁发觉吃蛋的不是别人,正是母亲自己。姚梁正犯难时,母亲却在旁一直催促,问他:"查到了吗?"姚梁说:"查是查着了,不过……"姚母紧逼着说:"不要徇私对否?"这时,姚梁只得壮着胆指出:"蛋是母亲您吃的。"姚梁的妻子在一旁直跺脚:"你怎么能这么说呢!"妻子怨姚梁不该当众让老人家难堪。谁料,姚母却哈哈大笑,说:"你能遇事细心、判事无私,我便放心了。"不久,姚梁奉旨到各州府明察暗访,根据查到的实情,严办了一批贪官污吏。

案例解读

姚梁,浙江省处州府庆元县松源镇姚家村(今属丽水市)人,清代政治人物。自幼聪颖好学,读书过目不忘,未满20岁即选入庠生,受知于浙江学政窦光鼐。乾隆三十五年(1770年)后封奉直大夫、中宪大夫、通议大夫,世称"三大夫"。姚梁一生为官清廉耿介,不贪财苟取,历官之处多有政绩。

  姚梁为官清正、取信于民的品行,与其母亲的家教分不开。从姚母教子的例子可以看出,哪怕姚梁事业有成,姚母在姚梁的品行教育与考察方面依然极其严格。她通过一件家庭小事来告诫姚梁不要因为至亲或其他特殊关系而徇私枉法。徇私枉法就意味着执法者采用了不诚信的手段,让罪有应得的人逍遥法外,让清白之人蒙受冤屈。长此以往,官员和政府将得不到百姓的信任。姚梁历经乾隆、嘉庆两朝,曾担任朝廷的重要职务,深受任职地方百姓爱戴,其曾任职的饶州府百姓为其建立生祠,并对其做出评价——"清廉耿介,毫不苟取"。从中可以看出,姚梁的确秉持了诚信的优良家风,赢得了永世的好名声。

  姚梁为官政绩卓著,得益于从小受到了良好的家庭教育。姚梁为官之后,姚母仍不忘时时教诲。当姚母得知姚梁被封为按察司,准备去各州府查办贪官污吏时,姚母便以饭橱内少了三个鸡蛋相试,要姚梁找出偷吃者,以此提醒姚梁应"遇事细心、判事无私"。此事流传至今,被众多书籍列入"十大教子故事",强调了家庭教育对一个人品德养成的重要性。

延伸思考

  故事中的姚梁可称廉吏,我们品读历史上众多廉吏的成长史和教子故事可以发现,家庭教育对他们的成长具有重要影响。北宋名臣寇准的母亲把《寒窗课子图》作为给儿子的遗训:"孤灯课读苦含辛,望尔修身为万民;勤俭家风慈母训,他年富贵莫忘贫。"克己奉公的诸葛亮所著《诫子书》更是流传至今,成为后世历代学子修身立志的名篇。让我们一起来欣赏这篇传世教子佳作。

诫 子 书
诸葛亮

  夫君子之行,静以修身,俭以养德。非淡泊无以明志,非宁静无以致远。夫学须静也,才须学也,非学无以广才,非志无以成学。淫慢则不能励精,险躁则不能治性。年与时驰,意与日去,遂成枯落,多不接世,悲守穷庐,将复何及!

译文：有道德修养的人，依靠内心安静来修养身心，以俭朴节约财物来培养自己高尚的品德。不恬静寡欲无法明确志向，不排除外来干扰无法达到远大目标。学习必须静心专一，而才干来自勤奋学习。如果不学习就无法增长自己的才干，不明确志向就不能在学习上获得成就。纵欲放荡、消极急慢就不能勉励心志，使精神振作，冒险草率、急躁不安就不能修养性情。年华随时光而飞驰，意志随岁月逐渐消逝，最终枯败零落，大多不接触世事、不为社会所用，只能悲哀地困守在自己的破舍里，到时悔恨又怎么来得及？

作为中学生，有好家长和好老师无疑是幸运之事，但是两者相比较，哪一方面更重要呢？近几年，越来越多的观点认为"好家长胜过好老师"，其实这是有一定道理的。中学生的可塑性强，品行教育尤为重要，而家庭教育的特点是言传身教，潜移默化之中引导孩子养成终身受益的习惯。为人父母者，如果自身品行端正，就是孩子无声的榜样；如果自己品行不端，却训斥孩子"不学好"，即使要求再严格，也难以获得良好的教育效果。教育不仅是校内之事、教师之责，家庭教育对于学生通常有更直接、更长远的影响。

参考文献

[1] 李世平.诚信故事100例[M].上海：立信会计出版社,2017.

信义兄弟

　　来自湖北的孙水林与孙东林两兄弟出身贫寒,从小便外出打工。1989年前后,孙水林在朋友的建议下,与弟弟一起组建了一支建筑队伍,在北京、河南等地承包装修工程。他们凭借着自身的努力,树立了良好的口碑,队伍也随之壮大,由最初的十几个老乡发展成百余人。哥哥孙水林常对弟弟说:"如果农民工跟你辛辛苦苦干了一年,你还拖欠他们的工钱,明年谁还会跟你干呢?这样一来,你手上的人就会越来越少,可能一个都不剩,你只有替别人打工的份。所以,我们无论多么困难,也绝不能拖欠农民工1分钱。"这个承诺从他们1989年组建团队开始,便一直没有违背过。

　　2010年2月9日,春节前夕,在北京承包工程的孙水林本来准备从北京赶往天津与弟弟一聚,再一同赶回湖北武汉过年。他查看天气预报时,发现回程可能有雨雪封路,便临时决定提前回武汉,给先回家的同乡工人发放工钱。这就像他常说的:"新年不欠旧年账,今生不欠来生债。外地农民工回家过春节前,我们就将他们的工钱先全部结清。离我们老家近的农民工还有部分没结算的尾款,我们就赶在大年三十前回家。腊月二十九,我们把家乡的农民工兄弟喊到家里来结算,绝不拖到正月初一。"

　　但没想到,这一去竟成永诀。当晚孙水林带着工资,与妻子儿女连夜出发,却因路面结冰遭遇连环车祸,不幸身亡。他的弟弟孙东林为了完成哥哥的遗愿以及承诺,在大年三十前赶赴武汉,将33.6万元的工资发到60多名工人手中。因为哥哥去世,账单不在弟弟的手上。孙东林便让工人凭良心领工资。2010年9月,孙家兄弟入选"中国好人榜"和"2010年度感动中国人物"。多年来,哥哥孙水林一直以身作则,坚持诚信为本的为商之道。在孙水林去世后,这种精神在弟弟孙东林的身上得到了延续。孙东林继续用行动履行着哥哥曾经的承诺:"新年不欠旧年薪,今生不欠来生债。"

案例解读

　　对于孙水林、孙东林兄弟而言,春节前把农民工的工钱发完、把账结清

是他们的君子一诺。为了完成这一诺言,哥哥孙水林在雪夜驱车数千里,不幸遭遇车祸;弟弟强忍悲痛,继续履行哥哥的诺言。在道德失范屡见不鲜的今天,信义兄弟为遵守承诺、为良心奔波的故事令人动容。

这样一个化悲痛为责任的故事,让人更加明白什么是流淌于国人血脉中的主流价值观。哥哥遭遇不幸,弟弟挺身而出,这是一个家族对诚信的传承,是中国家风文化开出的文明之花。

 延伸思考

丛慧玉的独子洪勇突遭意外去世,留给夫妻俩无尽的伤痛和年仅6岁的孙子。而当债主们纷纷找上门时,他们才知道,儿子当初经营装饰的公司欠下了包括银行贷款在内的50多万元债务,这对一辈子务农的老人来说无疑是个天文数字。

因为放弃了对儿子财产的继承权,从法律意义上来说,老两口并没有"子债父母偿"的义务。但他们认为,"人家挣钱不容易,咱们欠的债一定要还上。"儿子的死亡赔偿金、一些到账的工程款、亲戚给予的援助,丛慧玉和丈夫东拼西凑先还清了银行贷款和部分零散欠款。这时家里已没有钱可用,但孙子要上学、儿子生前装饰公司工人的工资还没还……老两口一商议,决定打工赚钱还债。

为了赚更多钱,家里的农田改种了蔬菜,丈夫四处打工,丛慧玉则成了饭店的"超龄洗碗工"。每天醒来她就开始干活,经常挂面加酱油拌一拌就是一顿饭。2016年,丛慧玉的丈夫因交通事故意外去世,还债重担都压到她一人身上。为增加收入,她精打细算,最多的时候一天要洗近千只碗。每天凌晨3点半就起床打理菜地,白天去饭店洗碗、洗菜,晚上10点回家后,还要继续到地里干活。

2018年,丛慧玉主动找到如皋法院的工作人员,希望他帮忙联系到儿子之前手下的一位工人。原来,当年洪勇去世后不久,工人冒某和周某向法院起诉讨薪。因洪勇早已离婚,法院判决6岁的孙子以继承遗产的实际价值为限清偿债务。后因孩子年龄太小,法院裁定终结执行程序。随着时间推移,冒某一家早已对这笔钱没了指望,联系电话也换了。后来,丛慧玉找到了冒某所在的村,挨家挨户打听,最后还清欠款。

谈及漫漫还债路,丛慧玉曾说:"儿子不在了,我也是做给孙子看,希望孙子能够健康成长,一定要做一个清清白白、讲诚信、对社会有贡献的好人。"

如今,丛慧玉终于无债一身轻。她想着,要好好培养孙子,自己还可以再辛苦几年。已是古稀之年的丛慧玉在社会的关爱下,依然在做着"超龄洗碗工",日子过得简单而平淡。

2020年,丛慧玉获评"江苏好人",并入选"中国好人榜"。

丛慧玉的经历让人心疼,这位老人屡遭家庭变故,担负起照顾年幼孙子和偿还债务的重担。她如此坚强,没有被生活压垮,没有因困难退缩,心怀朴素信念,践行诚信义举,她的身上闪烁着坚忍、勇敢和善良的光芒。她要用行动告诉孙子"一定要做一个清清白白、讲诚信、对社会有贡献的好人"。这是老人传给孙子最宝贵的财富。同学们,苦难不会摧垮人的精神,哪怕山穷水尽,只要心中有信有义,坚持下去,总会云开见日、柳暗花明。

参考文献

[1]李世平.诚信故事100例[M].上海:立信会计出版社,2017.

[2]人民日报官方微信.泪目! 七旬母亲洗碗十年,为已故儿子还清债务[EB/OL].[2022-01-14] https://www.creditchina.gov.cn/chengxinwenhua/chengxingushi/202201/t20220111_285952.html.

守住心底那杆"良心秤"

武汉市新洲区有一户江姓人家，他家的做秤历史有200多年。多年来，他家做的秤以"分毫不差"为标准，早已名声在外，被乡亲们称作"良心秤"。"良心秤"代代相传，江家的诚信家风也随之延续了200多年。

做秤虽难，更难的是守住心底那杆"良心秤"。以前常有不法商贩出大价钱，要江家人帮他们做"带病"的秤，都被全家人严词拒绝。2014年5月，江家传人江玉珍、江远斌姐弟荣登"中国好人榜"。2014年11月，江家人入围全国道德模范候选名单。

1988年，弟弟江远斌开始和江玉珍一起开厂做秤。虽然电子秤已经普及，但在偏远地区，一些流动商贩和当地人还是会选择便于携带的杆秤。如今，仍有许多人到江玉珍的作坊里买秤、修秤。"我家五代人都是做秤的，传到我这代已经200多年了。"71岁的江玉珍拿着自己亲手做的一杆老秤，称着弟弟江远斌刚送来的一把藕带。她说，江家做秤有一条原则：不做计量有偏差的"劣秤"，更不做人为缺斤少两的"短秤"。当年做秤的有好多家，江家的秤却一直最受欢迎。

"老一辈传我手艺的时候就讲，千万不能昧着良心。昧着良心，落不到好。做事要光明磊落。"老人觉得，秤虽不大，称的可是良心，做一杆缺斤短两的"短秤"和做100杆"短秤"没区别。"哪怕只做一杆'黑心秤'，我一辈子都不会安心。做一杆'良心秤'不难，难的是几代人祖祖辈辈坚守。"江玉珍介绍，她的祖上做秤时曾用过"江正兴"这个牌子，"正兴"就是"心正则兴旺"，只要坚持公正公平，就会生意兴隆、家庭兴旺。在当地，"江正兴"可是商贩和居民心中的"大品牌"。

出于对诚信的恪守和对底线的敬畏，200多年来，江家人一直坚守职业准则，也因此赢得了好名声。卖方只要说句"这是江家的秤"，买东西的人一般都会对重量放心。"秤，对我们江家人而言，是一代又一代人坚持用'良心'来维护的使命……"弟弟江远斌说道，"做人就像做秤，要讲诚信，要守规矩，要对得起良心。"

江家秤"称"的不但是斤两,还"称"出了良心,"量"出了诚信。

案例解读

"商海无桥信作舟",江家秤的故事反映的不仅是普通职业人高尚的职业道德品格,更是良好家风的世代传承。纵观当前,一些人为了追逐利益而丧失道德底线,故事中的主人公却能将诚信不欺的职业素养延续200多年,这离不开江家对诚信家风的传承。这种朴素的诚信文化信念支撑着江家人的职业底线。正是五代人的坚守,打造出一杆杆"良心秤",这是何等难能可贵。诚信乃立人之本,是做人处世的基本准则,是每个公民正确的道德价值取向。

延伸思考

梁国志是清代人,从小聪敏好学。但是因为家里穷,父亲想让他放弃学业,做点小生意养家糊口。梁国志苦苦哀求父亲,让他再读几年书。街坊邻居见了,也觉得梁国志不读书太可惜了,就帮着说情,有的还愿意帮他出学费,他的父亲最终答应让他继续学习。梁国志知道,自己不能辜负乡亲们的期望,于是更加努力学习。由于梁国志成长在这样一个和谐友好的环境中,他从小就形成了善良、诚实、正直的品格。

1741年,年仅17岁的梁国志考中了举人;24岁那年,他又中了状元。梁国志在朝廷当了官以后,不忘家乡父老,经常用自己的俸银为乡亲们办事。无论在哪里当官,他都替老百姓着想,受到老百姓的爱戴。梁国志不但学问高、人品好,而且擅长书画,很多人都将他的书画作品当作宝贝收藏起来。梁国志的儿子受其感染,很小的时候就对书画产生了兴趣,吵着让梁国志教他画画。一天,儿子又拿着画笔来找父亲,还弄得满脸都是墨汁。梁国志见了就想笑,帮儿子擦了擦脸,然后语重心长地对儿子说:"学画画之前,要先学会做人,没有人格的人永远也不会成为优秀的书画家。"儿子抬起幼稚的小脸,很疑惑地问父亲:"画画就画画呗,和做人有什么关系?"梁国志说:"一个真正的画家,是用心在画,而不是用笔在画。如果你是一个诚实、正直的君子,你的画也就会充满正气,让人一看就觉得充满灵气。"

儿子眨眨眼睛,好像还不是很懂。于是梁国志就讲了宋代大奸臣秦桧

的例子。他说:"秦桧其实是一个很有才华的人,他的书法相当好,可他是历史上有名的奸臣,品行十分恶劣。他死了以后,人们一听到他的名字就咬牙切齿地骂他,没有人愿意收藏他留下的书法作品,都认为留着他的字会带来灾难,他的很多作品不是被撕毁就是被人用火烧掉。他留到现在的字已经很少了,人们讨厌他的字其实是讨厌他这个人。"儿子点点头,好像听明白了。梁国志又说:"诚信是做人的第一步,不说谎话、讲信用的人,才能挺起胸脯光明磊落地做人。"儿子听了,牢记父亲的教导,一生坚守诚信的品格。

从这个故事不难看出,家庭中每一代的长辈都在"言传"和"身教",让家风这一文化基因得以顺利地完成代际传承。作为社会的细胞,家庭承担起守护价值观的责任。当社会能够良性发展时,家庭也为道德礼义的实践提供了第一个场所,孩童在进入社会之前,就在家风的熏陶下,对应遵守的秩序进行体认、模仿与自觉维护。作为中学生,我们要传承优良家风,从家长身上学习并不断提升自己的能力和素质。

参考文献

[1] 李世平.诚信故事100例[M].上海:立信会计出版社,2017.

[2] 王楠.五代人打造"良心秤"分毫不差 恪守诚信传承家风200年[EB/OL].(2014-11-06)[2020-12-30]. http://www.wenmine.cn/sbhr_pd/hr365/cssx/201411/t20141106_2277355.shtml.

最美儿媳带公公改嫁

　　故事的主人公是平湖市独山港镇金沙村的郭建英，她用瘦弱身躯毅然挑起养家糊口和照顾患病卧床公公的重担，因而被评为省道德模范。1997年，前夫冯宝良因病去世后，郭建英带着公公冯阿美改嫁，和现在的丈夫一起孝敬老人，直至2015年年初公公去世。

　　郭建英和冯宝良婚后育有一子，一家人原本生活美满。没想到，1997年冯宝良被查出患了癌症，夫妻俩在病榻前相对流泪。冯宝良叹了口气说："爸爸老了，以后可怎么办？"郭建英毫不犹豫地说："有我一口吃的，就有爸爸吃的。"

　　唯一的儿子去世后，患有白内障、双目失明的冯阿美一连几天号啕大哭，茶饭不思。郭建英对公公冯阿美许下承诺："我跟宝良说过了，会为你养老送终。"就这样，郭建英把沉重的家庭负担扛在了肩上：供养儿子上学、赡养公公、偿还为丈夫看病借的债务。

　　每天早上，她都把公公安顿好了才去上班；中午休息，再回家看一看。冬天，喂公公吃完饭后，郭建英扶着公公出门晒太阳；夏天，她时常给公公晒被褥。郭建英回娘家，担心公公出意外，也都要带上他。

　　看着郭建英苦苦支撑家庭，亲友们热心地帮郭建英介绍对象。郭建英拒绝多次后，提了个条件："如果再嫁，必须带着公公一起去。"2000年，金山石化一家工厂的仓库管理员胡尚友走进了郭建英的生活。听了郭建英的要求，他说："放心吧，我一定照顾好你的公公。"当年，郭建英带着公公改嫁了。重建家庭后，郭建英和胡尚友齐心协力，渐渐把家里的债务还清了。但这时，老人却出事了：2008年的一天，81岁的冯阿美不小心摔了一跤，造成粉碎性骨折，在医院一住就是3个多月。郭建英每天都在医院照顾公公：擦身、喂饭、守夜……同房的病人知道郭建英是冯阿美的儿媳后，都竖起了大拇指。

　　出院回家后，冯阿美因骨伤难愈，从此卧病在床。为照顾公公，郭建英辞掉了服装厂的工作，每年少了6万元收入。她却觉得："能照顾好公公，值了。"由于长期卧床,冯阿美身上长了压疮,下半身皮肤经常溃烂、脱落。每隔几天,郭建英就用酒精替公公消毒,刮去溃烂表皮,涂上药物。经郭建英悉心照料,冯阿美的压疮渐渐痊愈。多年来,为照顾公公,郭建英很少走亲访友,也从不出远门。在当地,郭建英被人们称为好儿媳。

  案例解读

为了一句承诺,可以坚守多久?许下一句承诺只需一时,兑现承诺可能需要一世。丈夫的一场大病改写了郭建英的后半生。面对前夫的临终嘱托,她直白地答道"有我一口吃的,就有爸爸吃的"。没有华丽的语言,也没有大道理。她只是在坚守她认为正确的信念,她没有去考虑、权衡做这件事对自己有多少价值,能换来什么利益。信守承诺不易,践诺更难。18年对于我们来说可能仅是生命的五分之一,但是对于郭建英来说,18年里的每一天都是在负重前行。像郭建英这样默默坚守自己信念的平凡人还有很多,正是这些人的坚守让我们对未来充满信心。

 延伸思考

殷庆贵和妻子是同村人,彼此知根知底,他们婚后有了可爱的女儿。妻子负责照顾全家人的生活,殷庆贵外出打工挣钱,生活幸福美满。手里有了钱,他们还翻盖了家里的老房。然而,不幸总是来得很突然。1996年,女儿刚刚10岁,妻子却身患重病。从那时起,殷庆贵便回到家里,照顾妻子和老人、孩子。病魔无情,最终还是夺走了妻子的生命。因父亲去世得早,临终前,妻子放心不下母亲,担心自己走后,母亲没有人照顾。看到她的担忧,殷庆贵向妻子立誓:"你娘就是我亲娘。你放心,我一定会照顾好她,为老人养老送终。"从立下誓言的那一天起,如山的责任就落在了殷庆贵肩头。

妻子去世当年,岳母也瘫痪在床,生活不能自理,全靠殷庆贵照料。老人的身边离不开人,他不能像村里其他人一样外出打工,只能在家一边种着5亩地,一边照顾岳母。他从来没有空闲的时间,偶尔出家门买东西或者办事,也不超过半小时。随着岳母年龄增长,殷庆贵的工作量也与日俱增。每天除了为老人端屎倒尿,更换被褥、衣物,给老人洗脸、刷牙,殷庆贵还要定期给老人理发。他还自学按摩,每天定时给老人泡脚、做按摩。有时,老人发脾气，他就给老人讲笑话。每次吃饭前，他都要先询问岳母想吃什么，然后按照岳母的嘱咐准备饭菜。出去买包子，他会买3种口味。等岳母选出适合自己口味的，他才吃剩下的。

常言道"久病床前无孝子"，而今"瘫痪在床有贤婿"。女婿做的这一切，岳母看在眼里，既感动又心疼。殷庆贵的孝心、善举无形中也影响着他的女儿。女儿最能体会父亲的辛苦，初中毕业后选择就业，帮着父亲照顾姥姥，分担父亲的压力。一晃20多年过去了，岳母近90岁，如今女儿也已成家立业。街坊邻居都劝他再婚，他总是憨厚地回一句："再等等吧，再婚了老人在这个家就待不踏实了。谁没有老的那天，岳母也是娘，尽孝是应该的。"殷庆贵说不出啥大道理，话语很朴实："要对得起媳妇当年的嘱托，让老人安度晚年。"

殷庆贵的事迹在当地传开了，也感动了很多人。他先后获得"阜城好人""阜城县2018年度道德模范"等荣誉称号，2020年又被评为"河北好人"。

我国自古以来就讲孝道、重诚信。当代中学生要继承和弘扬中华优秀传统文化，在发展我们鲜明个性的同时，也应懂孝道，知尊重，重诚信。

参考文献

[1] 李世平.诚信故事100例[M].上海：立信会计出版社，2017.

[2] 黄宏.好儿媳，带着公公改嫁——记省道德模范郭建英[N].浙江日报，2015-10-12.

[3] 薛惠娟.二十余年信守承诺不离不弃照顾岳母[EB/OL].(2020-08-21)[2021-03-26].https://www.erhainews.com/n11973393.html.

百 年 义 渡

在风景如画的武陵山区深处,有一个古老的渡口,渡口不远处住着一户万姓人家。为了遵守祖上的承诺,万家子孙四代人在大沙河边"不收一文钱"为村民摆渡。2011年1月,万其珍入选"中国好人榜"。

"老万!过河!""哎!来哒!"清晨,湖北恩施土家族苗族自治州建始县三里乡大沙河上,77岁的老艄公万其珍竹篙轻点,将小船划向对岸。

"爷爷说,当地人对我们有恩,我们要知恩图报!"接棒撑船,万其珍将爷爷的遗言铭记于心。100多年前,万其珍的祖父万作柱带着4个儿子,逃难到人烟稀少的大沙河。初至大沙河,万家被当地崔姓、谭姓世居乡邻接纳和接济,得以开荒拓土、伐木造房,在这里安家落户。万作柱告诉家人,坐船摆渡分文不收,因为乡亲们对他家有恩,他要知恩图报。1949年,年迈的万作柱病逝前还不忘叮嘱子孙,死后承诺不变,船一天不停,钱一文不收。万作柱去世后,万其珍的父亲顶了上来。父亲去世的时候,万其珍还小,这时叔父顶了上来。叔父去世后,万其珍于1995年拿起了撑船的竹篙⋯⋯

2006年,洪水把家里的房子冲倒了,万其珍赶回家的路上滑倒,胳膊骨折。他给儿子打电话,说他不能摆渡了。在外打工的大儿子万芳权只好赶回来,临时接过摆渡任务。万其珍伤愈之后,感觉身体不如从前,就在2007年"交班",万芳权成为万家义务摆渡的第四代传人。然而,万其珍退而不休,一有空就会去渡口,赶上水位低一些、撑船距离相对较短的时候,他还是要上。

百年一诺,万家人从不收费,要如何生活?大沙河村村民见万作柱为村民义渡分文不取,又冒险,十分感激,就在渡口旁划了几亩地,一是方便万家摆渡,二是让他们养家糊口。后来土地归集体所有,当地以免交提留款和农业税作为万家摆渡的补偿。税费免征之后,县里发给万其珍一定的补助,这些年补助涨到数百元。多年前,建始县交通部门已经允许县内的渡口每次收取3—5元的摆渡费。有人把这个消息告诉了万家父子,还有人按客流量给他们算了一笔账,认为万家的机会来了。而万其珍父子觉得,祖上的遗训代代传下来都这样,绝不能把家风破坏了!利用不摆渡的空余时间,万芳权引进新品种蜜薯,带领70多户贫困村民种植了120亩。凭借"信义渡口"的良好口碑,万家和乡亲们2018年产出的300多吨蜜薯被抢购一空。为了让艄公有个遮风挡雨的地方,建始县交通部门在渡口盖了间小屋。这里不是家,而万其珍把这儿当成了家,平时他让家里人把饭送过来。赶上家里人来不了,他就自己解决。就这样,他常年守在渡口,过河的人可以随来随走。几十年来,即使天再晚,万其珍也会等候在这里。没通电的时候,万其珍会在屋檐下挂一盏煤油灯,一是给大家引路,二是从对岸回来时为自己导航。现在有了电灯,但他依然保留着这盏煤油灯。

守望百年心灵渡口,篙撑百年靠的是什么?数十载春夏秋冬,全村1 096人几乎都坐过万其珍的船,现在77岁的他仍坚守在渡口。"承诺了的事,就要坚持做到底。"万其珍老人话语质朴,"做一件好事不难,难的是一辈子做好事,何况是几代人。关键是贵在坚持,特别是要心中有念。"

如今,由于年事已高,体弱多病,万其珍老人常常抱病坚持义渡。汛期涨大水时,有乡亲要过河,他便赶紧叫上儿子帮忙,害怕有个闪失。万其珍常说:"欺山不欺水!"为的就是乡亲们的安全。正是这份责任和担当,万家义渡140余年,无一起安全事故发生。

"我生在旧社会,长在新社会,2019年是新中国成立70周年,我特别高兴,由衷祝愿我们伟大祖国繁荣昌盛,蒸蒸日上!"作为一名党员,生逢盛世,万其珍老人心情特别爽,精神特别好。"我清早起来把船开,船儿啊慢慢摇,河那边客人要过来……"有人要渡河,万其珍老人就像往常一样起身,招呼儿子一起上船,哼着自编的小曲。待人上船坐稳,竹篙一撑,小船调头拨开细浪,轻盈地划向对岸。

案例解读

万家义渡,一不为名,二不为利,只为信义二字。不忘来时路,万家四代人前后义渡140余年,木船变铁船,篙竿变船桨,不变的是万家人无声的承诺。万家只是普通百姓,但他们对诚信的理解和认识却并不普通。诚信是做人之本,是为人最重要的品质之一。古人曾经说过:"诚,为人之本也,人当取信于人。""万家义渡"的故事从一个侧面反映了普通百姓受到传统道德影响之深,诚信已经成为百姓心中自发的一种道德品性和需求。"万家义渡"得以坚守百年一诺,是怎样的一种力量使然?不诚则有累,诚则无累。"万家义渡"正是用自己的行动,践行诚信美德,守住诚信精神。

延伸思考

20世纪50年代,安徽省滁州市南谯区皇甫山林场始建,急需植树工人。为响应国家号召,1957年,在爷爷奶奶的带领下,6岁的高青旺和其他亲人一道从肥东县迁入南谯区大柳镇皇甫山林场。一家人就这样扛起锄头、拿起锹,在林场干了起来,这一干就是60年。

高青旺刚踏入皇甫山时,第一次感受到荒凉。"60年前,这里到处都是荒山,什么都没有。没有屋子,都是烂草棚子。大山上面,每到冬天就容易失火,一把火烧得光光的。"高青旺回忆说。60年中,许多护林工嫌种树太苦太累,陆续离开了皇甫山。后来,家里也有人思想动摇,提出离开的想法。高青旺的爷爷和父亲的几句话给了他们莫大的鼓舞:"力气是浮财,去了又来,你只管带劲干,不要有怨言。"正是在老人家的坚持和鼓励下,全家人选择了坚守山里植树造林,守护了一个国家级森林公园。

1985年,高青旺和两名工友在一次树木间伐过程中突发意外,一棵刚被间伐的大树突然倾倒,此时两位工友正在树的前方认真劳动,完全没有意识到危险的降临。此时,高青旺大喊一声"快闪开,树倒了!"可两名工友被突如其来的危险吓愣住了,一时间居然不知道如何躲闪,眼见倒下的大树即将砸向两名工人,高青旺不顾个人安危,一个箭步冲上去将两人推开。为了挽救两位工友的生命,高青旺的双腿被倾倒的大树砸成粉碎性骨折,从此也落下了残疾。救人之后,高青旺无法继续从事重体力劳动,只能转岗去看护森林及守护望火楼的工作。

虽然身体上有了残疾,但高青旺的绿色梦想并没有因此中断。为了把这份绿色梦想传承下去,高青旺经常会给子女们讲述他的爷爷和父亲是如何坚守在皇甫山开展植树造林、护林的感人故事,激励着子女们朝着绿色梦想前行。在高青旺的影响下,儿子高峰选择了就读林业学校。毕业后,高峰毅然放弃到城市工作的机会,果断回到皇甫山林场当了一名采伐工,这一干就是12年。如今,高青旺已经67岁,是皇甫山林场的"守护神"。初冬时节,沿着崎岖的山道，他迈着坚定的步伐，登上了皇甫山林场的最高点——北将军岭望火楼。眼前，几万亩林海五彩缤纷，层林尽染。隐藏在林海中间的条条登山步道，高青旺一走就是40年，似乎这里的每一棵大树，高青旺都能叫出名字。"这个横竖一二百里路，只要能看到的，我都熟悉，在这造一辈子了，你讲哪个山，栽的什么树，每座山有几种树，什么样树种，什么样树形，我都知道。"高青旺骄傲地说。数十年的光阴，瘠薄山地荡起万顷林涛。如今，皇甫山的森林覆盖率已经达到96.1%，昔日的皇甫山如今成了集国家森林公园、自然生态保护区和国家AAA级旅游景区为一体的特殊区域，先后获得"中国森林氧吧""中国最佳森林康养目的地"等称号，特色绿色旅游正在蓬勃发展。

高青旺家四代人让皇甫山的山山峁峁披上了绿装，与绿色接力棒同时传递的还有高家人优良忠厚的家风。荒坡变成绿岭，青丝变成白发。唯一不变的，是高青旺一家四代人的那份播绿爱绿的情怀。作为传人的高峰说："如果我的下一代，还有机会的话，愿意让他继续从事植树造林工作，为国家绿化做出贡献，把这一代代的事业传承下去。"

请你和同学们讨论一下：我们作为国家未来的接班人和建设者，是否能够为我们热爱的祖国许下一个承诺，并在日常的学习生活中用实际行动努力兑现这个承诺？

参考文献

[1] 中国文明网.百年义渡 承诺重如山[EB/OL].(2019-08-30)[2021-03-35]. http://www.wenming.cn/sbhr_pd/hr365/cssx/201908/t20190828_5236162.shtml.

[2] 中国文明网.四代人60年接力 变6万亩荒山为林海[EB/OL].(2019-01-10)[2021-03-25]. http://www.wenming.cn/sbhr_pd/hr365/jyfx/201901/t20190108_4965352.shtml.

守边护边的"帕米尔雄鹰"

2021年1月4日,在喀什大学进行培训的拉齐尼·巴依卡去往餐厅途中突然听见哭喊声,原来是个孩子在人工湖冰面玩耍时冰面断裂,孩子陷入冰窟,无助的母亲正在湖边求助。拉齐尼·巴依卡来不及细想,他一脚踏上冰面,直奔孩童,但就在他伸手拉孩子的时候,冰面坍塌了,拉齐尼·巴依卡也不慎跌入水中。他奋力举起双手,拼尽全身力气把孩子托在水面。此时,闻讯赶来的人们纷纷参与救援,10多分钟过去了,孩童成功获救,但拉齐尼·巴依卡却没有从水里上来,他的生命永远定格在41岁。

他,被边防官兵和当地牧民亲切地称赞为在云端上守边护边的"帕米尔雄鹰";他,用对祖国的爱和忠诚践行了"一家三代护边70年"的诺言。他说:"守住这里,就是守住了国、守住了家。我会用实际行动守护好祖国的边疆。"他,就是第七届全国道德模范提名奖获得者、塔什库尔干塔吉克自治县提孜那甫乡牧民护边员拉齐尼·巴依卡。

拉齐尼的家乡在帕米尔高原腹地,平均海拔超过4 000米,边境线漫长,自然条件十分恶劣。他的工作就是排查通往境外的各个山口、峡谷,维护边境安全。有一处被称为"死亡之谷"的山口是他巡逻的重点区域。这片区域时常发生雪崩和泥石流。在拉齐尼的护边生涯中,他所遇到的急难险情不胜枚举,但他却从未想过退缩和放弃。2004年,刚从部队退役的拉齐尼从父亲手中接过接力棒,和其他塔吉克族护边员一起,骑着牦牛行走在千里边防线上,从此便再也没有离开过雪山。

这份坚守离不开祖辈们的言传身教。20世纪50年代初,拉齐尼的爷爷凯力迪别克·迪力达尔成为当地第一位义务向导,并主动和边防军人一起护边。从20世纪70年代开始,父亲巴依克·凯力迪别克继续担任护边员,一干就是30多年。从父亲手中接过接力棒后,拉齐尼便成了一个"不穿军装的边防军人"。在拉齐尼心中,这份从爷爷手中传承下来的护边事业无比神圣。"近70年里,爷爷、父亲和我一家三代护边员的巡逻足迹遍布这里的每一个山口,每一道河沟。"拉齐尼说,边境线上的每个土坑、每条水沟甚至每块石头,都一一刻在他的脑海里。每次出门巡逻,拉齐尼都穿着厚棉衣。他说,山里面冬天大雪纷飞、寒风刺骨,夏季常常"一日过四季",一会儿下雨,一会儿下雪,一会儿下冰雹,一会儿大晴天。如果天气好的话,巡逻一次需要一个星期;遇上天气差,则要半个月以上。拉齐尼说:"作为一名共产党员、一名护边员,要沿着爷爷和父亲的足迹,把护边工作一直干下去。"雄伟的帕米尔高原见证了拉齐尼一家三代人戍守祖国边疆的感人事迹,也见证了他们对祖国的忠诚。"这辈子要一直做一名不穿军装的边防战士,永远守好祖国的边境线。"英雄已逝,拉齐尼·巴依卡铿锵的誓言将永远回荡在帕米尔高原的山巅,"帕米尔雄鹰"将永远飞翔在祖国的边境线上。

案例解读

家风传承往往能在潜移默化中影响一代代人,有什么样的家风,就有什么样的精神状态、价值追求。拉齐尼·巴依卡的爷爷、父亲在护边的岗位上一干就是几十年,这些代代传承的精神财富鼓舞着拉齐尼·巴依卡把为国守边当作自己的终生事业。他多次冒着生命危险救助巡逻战士,10余年来坚守帕米尔高原边防一线,一家三代人70年守卫边境的爱国奉献壮举,传遍新疆内外,感动着无数军民……近年来,不断推出的兴边惠民政策,彻底改变了传统巡边方式,巡逻线上建起了执勤房,护边员配备了专业的巡逻车、卫星电话等装备,工作条件得到很大改善。在拉齐尼一家的感召下,自愿担任义务护边员的牧民越来越多。拉齐尼的堂妹,27岁的都来提·加玛力也成了一名护边员,"帕米尔雄鹰"的故事将继续书写下去。

延伸思考

1949年11月,黔江县解放后,县里把在全县各地牺牲的22位烈士陆续迁到三元宫集中安葬,安排26岁的程绍光义务看管。1923年出生的程绍光,从小就对革命先烈有着崇高的敬意。在守墓的过程中,他先后走访了黔江水市乡水车坪、马喇湖、大路坝等烈士牺牲的地方,革命先烈的英雄事迹牢牢刻在了他的心里。每天早上,程绍光都要带着扫把到烈士墓打扫清洁,晚上又要去转一转,遇上雨天,他就披上蓑衣、戴上斗笠,扛上锄头去挖沟排水,雨过天晴他又忙着将滑塌的坟头重新修缮。每到此时,程绍光还会叫上子女，一边帮他搬石头，一边听他讲先烈们的故事。自1987年黔江革命烈士纪念馆正式建成后，为更好地看护陵园，程绍光干脆搬到陵园旁边住了下来。2007年，看管烈士陵园58年的程绍光病逝。临终前，38岁的儿子程祖全接下父亲的班，成了烈士墓的守护人。

　　程祖全从小就受父亲的熏陶，喜欢听父亲讲先烈们的故事。父亲告诉他，红军战士是为了革命英勇奋战，为了群众的幸福生活奉献了自己年轻的生命。在程祖全看来，烈士墓并不是冰冷的石头、土堆，而是中国人民的亲人、恩人！曾经，作为子女的程祖全看着年迈的老母亲过着拮据的生活，也抱怨过父亲程绍光，为啥立了功回来，还要拒绝分配的工作，执意回到老家继续守烈士陵园，让一家老小过紧巴巴的日子。而父亲程绍光总是笑呵呵地说，"一家人团圆就好"。2006年年初，已经83岁的父亲程绍光在一次打扫烈士墓的过程中摔倒在水沟里。这一摔，程绍光深知这份坚守到了传承的时候。同年3月，程绍光把在外干活的程祖全叫回家中，让程祖全打扫烈士陵园，迎接清明祭扫活动。程祖全对父亲的嘱托记忆犹新，"我的时日不多了，守墓的任务就交给你。不要嫌弃看护陵园的补助少，我们守护和传承的是爱国精神。"那时看护补助仅仅每个月30元，而程祖全在外做工每月收入有几百元。但他从小在烈士墓长大，对先烈们早已怀着敬仰之情，为了心中的那份坚守，程祖全从父亲手中接过了烈士陵园看护人的担子。

　　2007年，程绍光去世，弥留之际，程绍光向程祖全交办了四件事：一是保护好陵园的物品，革命文物都是无价之宝，无论如何不能遗失；二是要保护好陵园的一草一木，不能让人来割草、放牛，打扰烈士长眠，污染神圣之地；三是不能只是开门、关门、打扫清洁，要向群众讲述先烈故事，传扬英雄精神；四是将他埋葬在烈士墓对面的炭行（土地名），死了他也要看着烈士陵园。程绍光去世后，程祖全与妻子曾贤平共同担起了守护陵园的责任。每天早晨出门前，他叮嘱妻子莫忘打扫陵园，晚上收工进家门前先到陵园转一圈，遇到落叶、垃圾再清扫一遍；下雨了，他就像程绍光一样去挖沟排水、堆码坟头垮塌的石头。

　　2018年，程祖全已接力父亲守墓11年，父子两人将自己近70年的人生奉献给了这个平凡而又伟大的事业。程祖全这样说道："不仅我要继承好父亲遗志，我还会以身作则，用行动带动我的子女，感染我的街坊，让大家一起捍卫革命烈士的尊严,爱党、爱国,传承发扬好我们的民族精神。"

程家父子用70年的坚守书写了"崇尚英雄、捍卫英雄、学习英雄、关爱英雄"的高尚家风,他们不仅入选"中国好人榜",还荣获2018年"感动重庆十大人物"称号等多项荣誉。

请你和同学们讨论一下:我们的生活中还有没有像程家父子这样几十年如一日坚守一份信念或崇高事业的人,想一想在他们身上具有哪些共性的精神品质?

参考文献

[1] 央广网.「道德模范风采」接力护边写忠诚[EB/OL].(2019-09-14)[2021-03-26]. https://baijiahao.baidu.com/s? id=1644642988744955173&wfr=spider&for=pc.

[2] 中国文明网.父子接力 义务为烈士守墓60余载[EB/OL].(2018-05-01)[2021-03-26] http://www.wenming.cn/sbhr_pd/zghrb/zrwl/201805/t20180529_4702275.shtml.

诚信齐家篇总结

古语云:"家和万事兴。"人们认为家庭的和睦是一个人取得事业成功、社会认可的基础。这句俗语表达了中国人对家庭和睦的重视。然而,从古至今,大家都在寻找让家庭幸福、和谐、美满的秘诀。可见,齐家并非易事。《大学》提出了"格物、致知、诚意、正心、修身、齐家、治国、平天下"八条目,把整个人生社会囊括在内,融为一体,而诚意作为八条目之一,是联结格物、致知、正心与修身、齐家、治国、平天下的重要环节,成为道德内养与外成的关节点。因此,齐家有个深度的基础,那就是诚信。

本篇从家庭层面出发,从夫妇、教子、家风、孝亲等角度,选取了与诚信有关的典型案例,向同学们展示从古至今以诚信齐家的故事,感受诚信在家庭和睦、家庭教育、家风传承等方面的促进作用。

善齐家者,不欺其亲。父母妻儿、兄弟姐妹之间以诚相待、诚实守信,就可以和睦相处。父母说话,要像曾子那样言必信、行必果。长此以往,孩子看在眼里,他就会慢慢懂得什么叫作诚信。孩子的诚信表现在哪里?表现在孝悌,孝就是对父母的孝顺,悌就是对兄弟的友爱,所以孝悌就成为家庭伦理行为道德的根本。古代选拔人才有举孝廉,要先看看他对家人如何,是不是孝敬父母,是不是友爱兄弟,这叫作求忠臣于孝子之门。做父母的必须要以身作则,而这以身作则就是"言有物,而行有恒"。所谓言有物,就是说话要有根据。所谓行有恒,就是行动要有准则并且坚持。父母的言行会成为孩子效仿的对象,坚守诚信,一代传一代,就形成了良好的家风,就像"江家秤",是一代又一代诚信家风传承的见证和成果。

可能有同学会说,本篇应该让父母看,我还不是家长。那么,父母从哪里来?父母从孩子长大而来。我们强调家庭教育,因为它关系的不仅是个人,更是一个家庭的世世代代。如果家庭教育没做好,那么很多其他事情也都是不稳定的、不持久的。《周易》的《序卦》篇曾说:"有男女然后有夫妇,有夫妇然后有父子,有父子然后有君臣,有君臣然后有上下,有上下然后礼义有所错。"在古人看来,先规范家庭成员的言行、维护家内之礼,才能建立政治秩序和社会秩序。

  当然,这需要整个社会对正确价值观进行清醒而恒久的追求。党的十八大把诚信作为个人层面的价值准则纳入社会主义核心价值观。诚信是现代社会普遍适用的基本伦理原则,是社会主义核心价值观的道德基础,也是社会主义核心价值观的基本价值取向。今天我们开展传家训、立家规、扬家风系列活动,积极构建社会信用体系,就是要使诚信价值观内化于心、外化于行,让每个人都能诚信做事。

思考题

  1. 作为中学生,在家庭生活中,你是否能在父母面前诚信做事呢?如果今天在学校犯了错,你是选择隐瞒父母,还是坦诚相告呢?

  2. 如果发现家人出于善意欺骗了你,你会原谅他(她)吗?为什么?

诚信体验活动

声音指路

一、指导语

轮流扮演"盲人",引路者用声音引导"盲人",同时注意一定要传递真实信息,注意安全。

二、活动步骤

1. 队员两两配对,其中一个扮演"盲人",闭上眼睛,蒙上眼罩。
2. 另外一名队员作为引路人,引导"盲人"走过一段路程。
3. 双方在行路过程中肢体不能接触,但可以通过语言交流来完成任务。
4. 引路人要时刻注意"盲人"的安全,"盲人"认真听从引路人的语言指引。
5. 完成任务后,双方可以互换角色再走另一段路程。

三、问题讨论

1. 刚蒙上眼睛时,你的感受如何?
2. 当同伴用语言告诉你怎么走时,你有什么感觉?
3. 作为"盲人",你觉得同伴的哪些语言表达是有效的、让你想相信的,哪些语言表达是让你感到迷惘的?

四、注意事项

1. 双方在正式活动前可以进行一些交流和约定。安排行走的路要有易有难,但要注意做好安全保护工作。
2. 由于眼罩可能有漏光的地方,"盲人"要守诚信,自觉闭上眼睛,用心去体验盲人的感觉,接受挑战。

参考文献

[1] 罗家永.心理拓展游戏270例[M].福州:福建教育出版社,2014.

口是心非

一、指导语

一名同学提问,另一名同学回答。回答的同学要注意,在用动作表示真实答案的同时,嘴上要说错误答案。

二、活动步骤

1. 队员两人一组,一人作为提问者,另一人作为回答者。

2. 提问者问的问题只能有"是"或"否"两种答案。

3. 回答者作答时用动作——摇头或点头表示自己真实的答案,但嘴里说的必须是错误的答案。

4. 完成几轮问答后,两人可以互换角色进行问答。

三、问题讨论

1. 进行这样口是心非的问答时有何感受?

2. 觉得能轻松应对还是感到困难?

3. 你喜欢不断进行这样的问答吗?

四、注意事项

1. 双方在正式活动前可以进行一些交流和约定。一开始可以先进行一些难度不大的问答,然后逐步增加一些需要思考的问答。

2. 进行口是心非活动时一定要诚信问答,不能明明没有按要求问答还装作成功。

诚 信
治 国 篇

周幽王烽火戏诸侯

　　周幽王是西周王朝的最后一任君主,他非常宠爱一位名叫褒姒的美人。褒姒生下孩子后,周幽王爱屋及乌,竟然废除了自己的王后与太子,立褒姒为后,又立她的孩子为太子。

　　褒姒素不爱笑,为博美人欢心,周幽王想尽了一切办法。当时周朝为了抵御外敌,在都城附近建造了烽火台。若有外敌来犯,便点燃烽火,通知诸侯前来救援。某次周幽王一时兴起,点燃了烽火。各诸侯以为有外敌进攻都城,都匆忙赶来营救。然而他们抵达都城后,才发现这只是周幽王的一场玩笑,于是灰头土脸地离去。褒姒看见这一情形,觉得十分滑稽,终于放声大笑。周幽王为此非常高兴,为了让褒姒重展笑颜,又多次点燃烽火。渐渐地,诸侯便不再相信周幽王,即使烽火再燃,也都不再赶来。

　　周幽王的荒唐事不止这一件。他任用奸邪之人主持国政,引得民怨载道。废王后的父亲申侯非常愤怒,于是联合犬戎攻打周幽王。当周幽王再次点燃烽火时,没有诸侯愿意冒着被愚弄的风险再次前来。最后周幽王被杀,褒姒被掳走,周王室的财宝被洗劫一空。此事之后,诸侯拥立废太子为新王,即平王。为了躲避外敌,周平王将都城迁往洛邑。从此周王室走向衰微,历史迎来诸侯争霸的春秋时代。

案例解读

　　这是一个"狼来了"的故事。周幽王荒淫无道、不知轻重,为博美人一笑,竟以江山社稷冒险。烽火是联络诸侯的重要渠道,也是抵御外敌来犯的必要手段。但周幽王竟视之如玩物,以此戏弄诸侯,最终失去了信任与尊重,导致众叛亲离。等到申侯联络犬戎杀入都城时,诸侯以为周幽王又是在谎报军情,便不再理睬。最终周幽王自食恶果,落得身死的下场。而周王朝也自此日薄西山,不可挽回。

　　人若无信,便会众叛亲离;国若无信,便会分崩离析。一国之君若是失信于民,便会为国家招致灾祸。人民不相信自己的君主,就不会支持君主,也不愿意为国家的建设投入自己的一份力。统治者必须取信于民,然后才能治国。诚信不仅是立人之本,更是立国之本。

周幽王作为一介国君,掌握着国家大权,就应该全身心地治理国家、造福百姓,一心为老百姓着想。可是他荒淫无道,为了自己享乐而不顾国家大事和老百姓的安危,最后落得一个如此可悲的下场!每个人肩上都有自己的责任,不能为了自己一时的享乐而置其他事于不顾,而应该全身心地投入自己该做的事情中。

 延伸思考

叔虞是周武王的儿子,周成王的弟弟。周武王逝世后,周成王继位,唐发生内乱,周公灭了唐。一天,周成王和叔虞做游戏,周成王把一片桐树叶削成圭状送给叔虞,说:"用这个分封你。"史佚于是请求选择一个吉日封叔虞为诸侯。周成王说:"我和他开玩笑呢!"史佚说:"天子无戏言。只要说了,史官就应如实记载下来,按礼节完成它,并奏乐章歌咏它。"于是周成王把唐封给叔虞。正是史佚这句"天子无戏言",为后人留下了"君无戏言"的典故。

精诚所至,金石为开。诚实是人生的命脉,是一切价值的根源。国无诚不兴,家无诚不荣;做官凭印,做人凭信。黄金失去可再得,名誉失去难挽回。一个人如果失去了人生最宝贵的东西——诚信,那么他的一生都是虚伪的;如果一个人遵守诺言,恪守信用,那么他的一生就是快乐充足的。践行社会主义核心价值观,我们要立足中华优秀传统文化,取其精华,去其糟粕,古为今用,将诚信做人贯穿我们的一生。

参考文献

[1] 李世平.诚信故事 100 例[M].上海:立信会计出版社,2017.

[2] 百度百科.桐叶封弟[EB/OL].[2021-03-26]. https://baike.baidu.com/item/%E6%A1%90%E5%8F%B6%E5%B0%81%E5%BC%9F.

 走近诚信：诚信故事伴我行

周郑交质

西周灭亡后，周王室东迁，政权日渐孱弱，各诸侯国渐渐不再尊重周王室。然而，郑国依然如同从前那样积极侍奉周王朝。郑武公、郑庄公都先后担任周平王的卿士，扶持周政权，替周王室排忧解难。因此，东周初期，郑国和周天子一直保持着良好的关系。然而，周平王晚年时宠信虢公忌父，又见郑庄公势力逐渐强大，久不来朝拜见，就对郑庄公有些疏远而有意提拔虢公。郑庄公听说此事后，对周天子不信任自己的做法大为不满，他马上赶到洛邑，对周平王施加压力。周平王再三道歉，说自己根本就没有打算让虢公分权，那些话都是别人为了挑拨离间瞎说的。为了取得郑庄公的信任，周平王提出让王子狐(姬狐)到郑国做人质。但此举着实有损周天子的颜面，于是群臣又提出相互交换人质的办法，让郑庄公的儿子公子忽也来洛邑做人质，而王子狐去郑国则以学习的名义去郑国，这件事史称周郑交质。公元前720年，周平王死，因太子早亡，周平王的孙子姬林继位，即周桓王。周桓王想让忌父代替郑庄公。郑庄公知道后大怒，派大夫祭足率领兵马，到周朝的温地收割麦子，并全部运送到郑国。到了秋天，祭足又带领兵马到周朝的成周，把那里的谷子全部割掉，运回郑国。从此，两国之间的关系愈加恶化，彼此结下了仇恨。

对于此事，《左传》托君子之口议论："诚信若不是发自内心，交换人质也没有用。将心比心、开诚布公地办事，并用礼加以约束，即使没有人质，又有谁能离间他们呢？如果确有诚意，那么即使是山溪、池沼、沙洲旁的野草，大苹、白蒿、聚藻之类的野菜，方筐、圆筥、鼎、釜等简陋的器皿，停滞的死水，甚至路旁的积水，都可以用来供奉鬼神、进献王公。何况君子订立两国的信约，依礼行事，又哪里用得着人质呢？《诗经·国风》中有《采蘩》《采苹》，《诗经·大雅》中有《行苇》《泂酌》，这四篇诗都在昭示这种由衷之信。"

案例解读

这个故事来源于《左传》。显然，周天子与郑庄公想通过交换人质来缓

解矛盾、取信对方的做法是不可靠的,双方即使交换了人质,还是不能维持他们之间的关系,反而为周、郑后来交恶埋下祸根。这则历史故事十分明确地指出,相互了解和信任要建立在彼此体谅、坦诚相待的基础之上,强调了恪守礼仪、忠于信义对王孙贵族的统治地位与天子权威的重要性。它从反面告诫人们,如果内心失去诚信,外表的信物和制度再多,也会最终演变为各种计谋和骗术。诚于内而信于外,诚信并不仅是一种承诺,更应成为一种信仰和风气。由史及今,当前各国、各方势力的较量比之春秋,不得不说有过之而无不及,很难想象一个毫无诚信的国家该怎样长久立足于世界,怎样获得其他国家的信任与尊重。信不由中,质无益也。明恕而行,要之以礼。虽无有质,谁能间之?诚信如果不是发自内心,盟约抵押也没用,正所谓民无信不立,国无信不强。如果想要国家繁荣昌盛、经久不衰,就要做到以诚相待;国家要想在国际上立足,就要做到以诚为本。

 延伸思考

我们再来看看《左传》中提到的《诗经·大雅·泂酌》一诗是如何体现"由衷之信"的力量吧。

大雅·泂酌

泂酌彼行潦,挹彼注兹,可以餴饎。岂弟君子,民之父母。

泂酌彼行潦,挹彼注兹,可以濯罍。岂弟君子,民之攸归。

泂酌彼行潦,挹彼注兹,可以濯溉。岂弟君子,民之攸塈。

译文:远舀路边积水潭,把这水缸都装满,可以蒸菜也可蒸饭。君子品德真高尚,好比百姓父母般。远舀路边积水坑,舀来倒进我水缸,可把酒壶洗干净。君子品德真高尚,百姓归附心向往。远舀路边积水洼,舀进水瓮抱回家,可以洗涤和抹擦。君子品德真高尚,百姓归附爱戴他。

这首诗看起来并没有一个字在写"信"。那为什么左丘明说它昭示了"由衷之信"呢?从诗歌的内容来看,它描写了普通的生活场景,却也在这朴素的文字中呈现了国泰民安、君臣和睦、百姓对君子由衷赞美的情景。百姓把这安逸的生活归功于君子的品德高尚。因此,我们不难理解诗歌中颂赞的是这样的道理:一个国家的统治者,唯有其品行高尚,才能治理好国家,才能让人民安居乐业,才能获得百姓的拥护和时时刻刻的由衷赞美。而在所有的品行当中,古人最为看重的就是诚信,因为"信"乃立国立身之本,一切美好的品行都离不开"信"这个基础,一切美好生活的保障也离不开"守信"的社会风气。唯有人人都努力坚守"由衷之信",国家才会强大,社会才会进步。

诚信是什么?诚信是处理一般人际关系的准则。只有事上以诚,接下以信,敬长贵老,知深信笃,平等爱民,光照无私,忠信立诚,调和谐合,无偏无党,来者比亲,才能保证社会的和谐运转。

参考文献

[1] 李世平.诚信故事100例[M].上海:立信会计出版社,2017.
[2] 程俊英.诗经译注[M].上海:上海古籍出版社,2014.

齐桓公守信成霸业

齐国与鲁国作战,以势取胜,迫使鲁国割让了许多领土。双方约定在名为"柯"的地方会盟,商讨割让土地的事宜。

在两国君主商讨之际,鲁国大将曹沫突然上前,以匕首挟持了齐国君主齐桓公,要求他全数归还被齐国侵占的鲁国领土。齐桓公迫于生命受到威胁,只能答应对方的条件。曹沫得到承诺后,便扔了匕首放走齐桓公。自己则走下盟台,回到之前的席位就坐,面色如故,言谈如常。齐桓公安全后,越想越气,于是想要背弃与曹沫的誓言。有人劝他:"桓公三思!您若失信于曹沫,必会失信于诸侯,失信于天下;宏图成空,霸业难成,后果不堪设想。如此一来,不如将土地归还鲁国,以此获取人心。"

齐桓公一听,觉得很有道理,便依照誓约,将侵占的鲁国领土尽数归还。诸侯听闻此事,纷纷依附。天下归心,齐桓公终成春秋五霸之首。

案例解读

案例中,曹沫和齐桓公的行为形成鲜明对比:一方面,曹沫在两国会盟之时挟持敌国君主,用对方的生命要挟齐国归还领土,虽是为国心切,但行为本身是不义不信之举。因为齐国和鲁国在决定会盟时,便已经达成了约定。即使这个约定不利于鲁国而有利于齐国,也是双方商议的结果。而曹沫的行为,可视为对这个约定的破坏。另一方面,曹沫的行为使齐桓公陷入了危险的境地。在生命受到威胁时做出的承诺,于情于理都可以看作紧急避险措施。在当事人安全之后,这个承诺完全不必履行,也不会受到世人的非议与指责。但齐桓公为了取信于天下,还是抑制自己的怒气,遵从了臣子的建议。这是出于政治方面的考虑,不因一时意气而给诸侯留下违背约定的印象。这种行为虽然放弃了短期的利益,却换取了更加长远的利益。

齐桓公于公元前 685 年即位,他在政治、经济上进行了一系列改革,加之齐国地近渤海,有山海渔田之利,齐国很快强大起来。齐桓公采取管仲的建议,打出"尊王攘夷"的旗号,即在尊重周王室的名义下,团结其他诸侯,抗击

威胁中原的周边少数民族,还出兵阻挡北上的南方强大的楚国。正是因为齐桓公凭借"曹沫之盟"中树立的威信,取得了诸侯国的信任。此后,齐桓公召集诸侯国在葵丘会盟,周王室也派人参加,至此齐桓公的霸主地位正式确立。

信誉,是君主至高无上的法宝。所以,古代成就王道者不欺骗天下,建立霸业者不欺骗四方邻国,善于治国者不欺骗人民,善于治家者不欺骗亲人。只有愚人才反其道而行之,欺骗邻国,欺骗百姓,甚至欺骗兄弟、父子。上不信下,下不信上,上下离心,以致一败涂地。靠欺骗所占的一点儿便宜救不了致命之伤,所得到的远远少于失去的,这岂不令人痛心?齐桓公的治国之道虽然称不上完美,但在天下尔虞我诈、斗智斗勇之时,他能做到树立信誉以收服民心,实属难能可贵。

 延伸思考

赵惠文王得到了楚国的和氏璧。秦昭王听说了这件事,就派人送给赵王一封书信,表示愿意用十五座城交换这块宝玉。赵王不知该如何决断,便问蔺相如:"秦王用十五座城请求交换我的和氏璧,能不能不给他?"蔺相如说:"秦国强,赵国弱,不能不答应他们。"赵王说:"得了我的和氏璧,不给我城邑,怎么办?"蔺相如说:"秦国请求用城换璧,赵国如果不答应,赵国理亏;赵国给了和氏璧,秦国不给赵国城邑,秦国理亏。衡量一下两种对策,宁可答应他,让秦国来承担理亏的责任。"

赵王又问:"可以派谁担任使臣呢?"相如说:"大王如果确实无人可派,臣愿捧护宝璧前往。城邑归属赵国了,就把宝璧留给秦国;城邑不能归属赵国,我一定会将和氏璧完好地带回赵国。"于是赵王就派遣蔺相如带着和氏璧,西行入秦。

到了秦国,秦王坐在章台上接见蔺相如,蔺相如捧璧献给秦王。秦王大喜,把和氏璧传给姬妾和左右侍从看,左右都高呼万岁。蔺相如看出秦王没有用城给赵国抵偿的意思,便走上前去,说:"璧上有个小瑕疵,让我指给大王看。"秦王把和氏璧交给他,蔺相如却手持和氏璧,退后几步站定,身体靠在柱子上。蔺相如怒发冲冠,对秦王说:"如今我来到贵国,大王却如此傲慢;得到和氏璧后,还传给姬妾们观看,这是在戏弄我。我观察大王没有给赵王十五座城的诚意,所以我收回和氏璧。大王如果一定要逼我,今天我的头就同和氏璧一起在柱子上撞碎。"于是蔺相如手持和氏璧,斜视庭柱,就要向庭柱上撞去。秦王怕他真把和氏璧撞碎,便向他道歉,请求他不要如此,并召来主管的官员查看地图,选择了十五座城邑,交割给赵国。蔺相如估计秦王是在用欺诈手段假装给赵国城邑,实际上赵国是不可能得到的,于是就对秦王说:"和氏璧是天下公认的宝物,赵王惧怕贵国,不敢不奉献出来。赵王送和氏璧之前,斋戒了五天,如今大王也应斋戒五天,在殿堂上安排九宾大典,我才敢献上和氏璧。"秦王估量和氏璧不可强力夺取,于是就答应斋戒五天。蔺相如认为秦王虽然答应斋戒,但必定背约,不给城邑,便派他的随从穿上粗麻布衣服,怀中藏好和氏璧,从小路逃出,把和氏璧送回赵国。

时势造英雄。在战国时期,一批批英雄豪杰、文人志士在纷繁变化的时代中各显其才。蔺相如也是那个年代被人敬仰的人物之一。蔺相如是战国时期著名的政治家、外交家。在担任赵国上卿时,蔺相如为赵国立下了汗马功劳。在强秦意图兼并六国、斗争逐渐尖锐的时候,蔺相如让秦国的图谋屡屡受挫。蔺相如在出使秦国之前,只是缪贤的门客,完璧归赵后,蔺相如成为赵国的上大夫。是他的有勇有谋、讲信义使他实现完璧归赵并官至上大夫的。"完璧归赵"的故事证明了蔺相如信守了对赵王的承诺,也告诉我们,在国家交往中,作为外交使臣就是要信守承诺,有的时候为了完成使命还要不惜牺牲一切,哪怕是自己的生命。蔺相如有勇有谋、有理有节,捍卫了国家主权和利益。在现实生活中,有时我们会遇到各种诱惑,但我们应该信守自己的诺言,维护自己的国家主权和利益。

参考文献

[1]李世平.诚信故事100例[M].上海:立信会计出版社,2017.

晋文公退避三舍

春秋时期,晋献公听信谗言,杀了太子申生,又派人捉拿申生的弟弟重耳。重耳闻讯,逃出了晋国,在外流亡十几年。

经历千辛万苦,重耳来到楚国。楚成王认为重耳日后必大有作为,就以国礼相迎,待他如上宾。

一天,楚王设宴招待重耳,两人饮酒叙话,气氛十分融洽。忽然楚王问重耳:"若有一天你回晋国当上国君,该怎么报答我呢?"重耳略一思索说:"美女侍从、珍宝丝绸,大王您有的是,珍禽羽毛、象牙兽皮,更是楚地盛产,晋国哪有什么珍奇物品献给大王呢?"楚王说:"公子过谦了。话虽然这么说,可总该对我有所表示吧?"重耳笑笑回答道:"要是托您的福,果真能回国当政的话,我愿与贵国友好。假如有一天,晋楚之间发生战争,我一定命令军队先退避三舍(一舍等于三十里),如果还不能得到您的原谅,我再与您交战。"

四年后,重耳真的回到晋国,并当了国君,他就是历史上有名的晋文公。晋国在他的治理下日益强大。

公元前633年,楚国和晋国的军队在作战时相遇。晋文公为了实现他许下的诺言,下令军队后退九十里,驻扎在城濮。楚军见晋军后退,以为对方害怕了,马上追击。晋军利用楚军骄傲轻敌的弱点,集中兵力,大破楚军,取得了城濮之战的胜利。

案例解读

晋文公作为"春秋五霸"之一,带领晋国在战火纷飞、社会动荡的春秋战国时期走向鼎盛,开创了晋国的百年基业,这与他诚信治国的优良品质是息息相关的。上述案例中,晋文公在外流亡十几年后,终于在楚国获得了优厚的待遇,而他也心怀感激,并许诺楚王下次打仗一定会退避三舍。他的诚实守信不仅为自己赢得声誉,还帮助晋国赢下了重要的城濮之战。孔子曾经说过:"民无信不立。"晋文公愿意说出自己对楚国的承诺,这是他的诚实所在,愿意遵守承诺后退九十里,这是他的守信所在,两者结合最终使晋文公获得了胜利。假如晋文公并不诚信,完全将这个诺言抛之脑后,那么这场以少胜多的传奇战役就可能不会发生。

我们不难发现诚信治国的重要性,它犹如警钟,时时刻刻在耳边敲响。君王只有率先践行诚信,才能带领百姓一起践行诚信,推动形成国家长治久安、繁荣发展的局面。晋文公的诚信品质不仅帮助他在国内树立威信,在外交上也使其他诸侯国心悦诚服,最终推选他为盟主。

延伸思考

晋文公起兵讨伐原国,他跟身边的将士约定七天攻下原国,七天没有攻克原国,便命令将士班师回朝。有个谋士说:"原国就要被攻克,请将士官吏再等待些时间。"晋文公答道:"如果不离开,就失去了信用。诚信,乃立国之宝。得到原国而失去诚信这个宝物,我不能这样做。"于是晋文公班师回朝。原国人听说这件事,都说:"有这样守信用的国君,能不归顺他吗?"于是,他们向晋文公投降。卫国人听到这些,认为晋文公以诚信治国,于是也归顺了晋文公。

凡是做君主的都要以诚信立天下,这样谁会不亲附他呢?这次攻下原国,诚信应该记为首功。晋文公诚实守信、知恩图报,才能成就自己春秋霸主的地位,这与他年幼时在外流亡的经历和自身的聪明机智是分不开的。年幼流亡的经历磨炼了他的心志。一次又一次地被各个诸侯国拒绝,使他看透人间百态,同时也了解了各个诸侯国的情况,为其打下未来的基业作了铺垫。退避三舍是他聪慧机敏的表现。在当时的情况下,如果晋文公以少数兵力贸然进攻,必然会被对方打得落花流水。此时,退避三舍不仅信守了自己的承诺,也让楚军放下防备,晋军最后才能诱敌深入,大败楚军。晋文公在经历磨炼之后才拥有文韬武略和聪明才智。所以,同学们要不怕困难,应该秉持初心、信守承诺、迎难而上,成就最好的自己。

参考文献

[1] 左丘明.春秋左传注(修订本)[M].杨伯峻,注.北京,中华书局,2009.

[2] 百度百科.晋文公伐原[EB/OL].[2021-03-26]. https://baike.baidu.com/item/%E6%99%8B%E6%96%87%E5%85%AC%E4%BC%90%E5%8E%9F/4973766?fr=aladdin.

穰苴斩监

田穰苴,生于春秋晚年,是齐国大夫田完的后人。此时的齐国早已不是中原地区的霸主,在与晋、楚等国的交战中屡战屡败。这一年,晋国又攻打齐国的阿、甄等地,而燕国军队也侵犯到黄河边上,齐军大败。齐景公十分忧虑。就在这时,相国晏婴把田穰苴推荐给齐景公。可是田穰苴说:"我素来卑贱,大王把我从闾伍之中提拔起来,位列大夫之上,士兵还没有亲附我,百姓也不肯信任我,我人微言轻。希望能有大王宠信的大臣,深得国人所尊敬的人来做监军,那样才行。"于是,齐景公便派自己的亲信庄贾前去担任监军。田穰苴在告别的时候,与庄贾约定第二天正午时分,两人在军营大门前相会。第二天,田穰苴提前乘车到了军中,让士兵们在营中立表下漏,专等庄贾到来。可是,庄贾向来深得齐景公宠爱,为人骄横傲慢,加之娇生惯养,从来没有率兵打仗的经历,这次被任命为监军,有些忘乎所以。他以为统领自己国家的军队,而且自己担任监军,根本不用着急,加上他的一些亲戚、近臣也前来凑热闹,摆起酒宴为他送行,庄贾觉得盛情难却,同时也想在这些人面前炫耀一下自己,便留下来与他们一起喝酒。至于与田穰苴的正午之约,他早已忘之脑后。

田穰苴在军营门口等待多时,见正午已过,而庄贾仍然没到,便下令放倒木表、放空水漏,独自进入军营内巡视整训部队,发布号令申明纪律。直到太阳将要落山,庄贾才姗姗来迟。庄贾虽然知道自己错了,却仍以为这不是什么大事,便说:"有一些大夫、亲戚前来为我送行,我与他们饮了一会儿酒。"一听此言,田穰苴立即正色说道:"将军受命之日便应忘掉自己的家,到了军营穿上军服便忘记自己的父母,拿起了枹鼓便不顾自己的生死。现在敌国军队深入我们的边境,举国上下为之不安,士卒露宿于边境,国君寝不安席、食不甘味。百姓的性命安危都落在你一个人身上,还谈什么送别饯行!"于是,把负责纪律的军正召到面前:"按照军法,约好时间而迟到的人该当何罪?"军正回答说:"当斩。"一听这话,庄贾顿时吓得失色,知道自己惹下大祸,忙派自己的部下乘车去禀告齐景公。可是,还没等去送信

的人回来,田穰苴已在军中处斩了庄贾,三军士兵见状都为之战栗。又过了很久,齐景公的使者才拿着符节来到军营,因为急于救人,使者驾车急驰进了军营。这时,田穰苴说:"将在军中,君命有所不受。"然后,他又向军正说:"在军营中驾车疾驰,该怎么处理?"军正又回答说:"当斩。"使者大惧。不过,这一次田穰苴还是给齐景公留了情面。田穰苴说:"国君的使者不能杀。"他便杀了使者的随从,并且砍断了车的左驸,杀了左边驾车的马,再次向三军巡行示众。自此以后,田穰苴令行禁止,在军中树立了威信。

案例解读

田穰苴因出身卑微,担心自己初来乍到,不能服众,所以要求齐景公派一位重臣做监军。齐景公答应了他的要求,派庄贾担任监军。几日后,田穰苴准备出兵,辞别齐景公,并与庄贾约定次日正午在营门前会合。可庄贾骄纵惯了,认为自己是重臣,早一点晚一点也没什么事,就与为他饯行的人喝酒欢聚。到了正午时分,庄贾还没到来。田穰苴仍按原计划巡视营地,整饬军队,宣布了各种规章号令。等他部署完毕,已是日暮,庄贾这才到来。田穰苴依军纪,命人斩了庄贾,并向三军巡行示众,全军将士无不震惊。田穰苴作为一个军事家,在军中以诚信立威,以救国为己任,纪律严明,铁腕治军,无人不服从。

延伸思考

吴国阖闾为王之后,未过三年,就已国富兵强。于是,他动了伐楚之意,想拜一位高人为大将。伍子胥向吴王阖闾推荐了齐国人孙武。阖闾听说孙武是一个隐居山林的闲人,便十分扫兴。但伍子胥对阖闾说:"孙武精通兵法,有鬼神莫测之妙,只是不愿意四处炫耀,所以不为外人所知。"阖闾将信将疑地说:"那就把他请来吧。"孙武来到宫里,阖闾向他请教兵法。孙武并不多说话,只是把随身带来的一个包袱打开,抽出几轴帛书,说道:"这是我写的十三篇兵法,请大王一阅。"阖闾接过兵书,请伍子胥当堂朗读。伍子胥刚念完一篇,阖闾就拍案叫好。再念一篇,阖闾已经手舞足蹈。待念到第三篇时,阖闾已经听呆了,连叫好也忘了。阖闾问孙武:"先生的兵法真是极天地之妙,寡人十分佩服!只是寡人这么小的国家,人微力薄,不知能不能用上先生的兵法？"孙武自信地回答："我的兵法可用于大邦，也能用于小国。能用于劲旅，也能用于妇人。"阖闾问："妇人也能操戈演阵吗？"孙武说："当然可以。"吴王阖闾命人从后宫挑选了180名宫女，交给孙武演练。孙武向他要了两个平日备受宠爱的妃子，作为左右队长，阖闾也答应了。

  第二天一早，180名宫女分为两队，来到校场。她们身披软甲，头戴战盔，左手持剑，右手握盾。吴王的两个妃子也穿戴整齐，分别站在两队前面。孙武手执令旗，登上将坛。孙武公布号令："你们先原地坐好，听到第一通鼓的时候，两队一同跃起立正；听到第二通鼓的时候，左队左转，右队右转；听到三通鼓的时候，人人举剑挺盾，准备迎战。"孙武说罢，命令擂第一通鼓。两队宫女有的站起来，有的还坐着，并且嬉笑不止，都觉得这件事很好玩。孙武严肃地自责道："约束不明，号令不清，这是将军的错误。"于是，孙武又把三项号令重复了几遍，然后，亲自擂鼓，以振士气。谁知，这些宫女平日里都散漫惯了，推推搡搡，根本不把孙武的话放在心上。吴王阖闾对伍子胥说："这回，孙武可要出丑了。"

  孙武在将坛上看宫女们前仰后合的样子，十分气愤，他大喝一声："拿斧来！"随后孙武对身边的执法官说："三令五申仍不能遵令而行，这是士卒的错误。执法官，按军令，此罪应如何处置？"执法官回答："当斩！"孙武说："士卒太多，不能都斩，那就处决队长以示惩戒吧。"说完，孙武就下令把吴王的两个爱妃给杀了。孙武重新回到鼓前，擂响了战鼓。两队宫女起身立正，秩序整齐，个个精神抖擞，无不严肃认真。这时，孙武便向吴王阖闾报告说："队伍已经训练好了，请大王检阅。现在的她们任您选用，就算是赴汤蹈火，也会服从您的命令。"可是，吴王阖闾还在想着那两个被杀的妃子，一点情绪也没有了。他说："算了，我不想检阅了，大家都回去休息吧。"孙武听了，非常失望，说："原来大王只喜爱我的兵书，并不想按我兵书上所说的那样去打仗。"吴王仔细思考一番，觉得孙武说得对，逐渐从伤感的情绪中恢复过来，正式任命孙武为大将军。孙武后来果真帮助吴王阖闾完成了称霸大业。

  治兵以信是中国古代兵法的经典所在，无论是田穰苴还是孙武都坚持诚信强兵，收到良好成效，他们也因此被公认为杰出的军事家。

参考文献

[1] 孟媛.田穰苴治军[J].国企管理,2020(14):60.
[2] 瑞文网.孙武演兵的历史典故[EB/OL].(2017-09-12)[2021-03-26]. http://www.ruiwen.com/zuowen/lishidiangu/513016.html.

商鞅立木为信

在战国时期,由于战争频繁、人心惶惶,为了树立威信,推进变法,商鞅在国都市场南门口立起一根巨木,以十金的酬劳招募能将它搬到北门的人。百姓们觉得很奇怪,不相信如此轻而易举的事能得到这么高的赏赐,结果没有人肯出手一试。于是,商鞅将酬劳增加到五十金。后来,有个人把巨木搬到指定地点。商鞅便当即给了他五十金,以此表明令出必行的决心。

新法实施了一年,百姓都说新法不方便,恰逢此时太子也触犯了新法。商鞅认为,新法不能顺利推行就是因为上层触犯了新法,于是依法处置了太子。然而考虑到太子是国君的继承人,不能行刑,于是就处罚了负责监督太子的导师。第二天,秦国人都开始遵守新法。法律推行了十年,社会风气变得很好,百姓勇于参军打仗,秦国民富国强。

 案例解读

在春秋战国时期,诸侯争霸,战乱频发。秦国想要在这一背景下进行大规模变法,势必会牵扯到各阶层的切身利益,其难度可想而知。商鞅立木取信,获得了百姓的信任,在他们的心中树立了威信,为新法的实施奠定了稳固的基础。由此可以看出,取信于民对于法律实施的重要性。商鞅变法使得当时弱小的秦国日渐强大。秦国不仅收回失地,还不断扩张版图,这为秦始皇统一六国奠定了政治基础。

 延伸思考

《论语·颜渊》有这样一段对话。子贡问孔子该怎样处理政事。孔子说:"备足粮食,充实军备,老百姓信任政府。"子贡说:"如果迫不得已要去掉一项,在这三项之中去掉哪一项呢?"孔子说:"去掉军备。"子贡又问:"如果迫不得已还要去掉一项,在这两项之中又去掉哪一项呢?"孔子回答说:"去掉粮食。因为自古以来谁也免不了一死,没有粮食不过是饿死罢了,但一个国家不能得到老百姓的信任就要垮掉。"以上两个典故表明:民无信不立,诚信乃治国安邦之道。

参考文献

［1］李世平.诚信故事100例［M］.上海:立信会计出版社,2017.

燕昭王以信招才

燕昭王继任时,燕国已残破不堪。国都蓟几乎成了一片废墟。燕昭王决心改革政治,加强军事,发展生产,使燕国强盛起来。燕昭王深知,如果国家要强盛,没有各方面的人才是不行的。于是他亲自到各地去访求贤才,向有专长的人登门求教。只要他们愿意,燕昭王就聘请他们为朝廷做事。

郭隗见燕王有复兴燕国之志,为人又谦虚宽和,礼贤下士,言辞又诚挚恳切,就说:"大王所言极是,要想雪耻,就要使国家强盛起来。如果人们都知道大王重视人才,那么天下的贤才就会争着立于大王之朝,来为大王效力了。"燕昭王说:"先生所言深合我的心意,可怎样才能使人们相信我是真正爱惜人才、重用人才呢?我确实是真心实意地求贤,怕是人们不一定理解我的心情。"

郭隗没有立即回答燕昭王提出的问题,却讲了一个故事。他说:"古代有个国王,他一心想得到一匹千里马。他出了好多钱,派了好多大臣到各地去给他购求。可是一连物色了三年,一匹千里马也没买到。国王非常着急。有个给国王打扫宫廷的人,自我推荐说:'大王给我千两黄金,我能去给大王买到千里马。'国王求千里马的心情很迫切,就给那个人千两黄金,让他去买千里马。这人去了三个月后,一天返回朝廷,背回一颗马头来。他对国王说:'我找到了一匹千里马,可惜去晚了,等见到那匹千里马时,那匹马已经死了。我想,马虽死了,但还是千里马,就用大王的千金把它买来了。您看,这就是千里马的马头。'国王一听,十分恼火,说道:'我要你去买活的千里马,你却买了一颗死马的马头来,这有什么用?白白花去我千两黄金!'那人说:'大王息怒,这颗死马头不会白买。这里有个道理:大家若都知道一匹死的千里马,大王都肯出千金购买,对活的千里马,自然会更重视的。天下的人都知道大王诚心诚意地要买千里马,那么要不了多久,千里马就会到大王这里来。'果然,不到一年的工夫,这位国王就得到好几匹千里马。"大王如果真心实意地访求贤才,不妨从我郭隗开始,让我来给您当这马头吧。要是天下人都知道,像我郭隗这样的人都受到大王的器重,那些比我才能更高的

走近诚信：诚信故事伴我行

人，自然就会不远千里来投奔大王了。"

后来，燕昭王郑重地拜郭隗为老师，日夜和他商量复兴国家的大计。为了表示对郭隗特别尊敬，燕昭王给郭隗以优厚的待遇。当时燕国的宫殿被战火烧了，燕昭王自己没有像样的宫室，和大臣们一起办事也是在临时搭的简陋草房内，却单独给郭隗筑起一座高台，并在台上给他建了华丽的馆舍。燕昭王又举行了隆重的仪式，恭恭敬敬地请郭隗到里面居住，还在高台上放置许多黄金，任郭隗使用。因此，人们都称这高台为"黄金台"。

这件事很快传遍四方。人们都知道燕昭王是真心实意地敬重人才，礼贤下士。一些有真才实学的人都先后聚集到燕国来。著名的军事家乐毅从魏国来到燕国，善于带兵打仗的剧辛从赵国来到燕国，精通天文地理的阴阳家邹衍从齐国来到燕国……这样，许多豪士云集燕国。经过几十年的共同努力，燕国又强盛起来。

案例解读

燕昭王想礼贤下士，用丰厚的聘礼来招纳贤才。但前有周幽王烽火戏诸侯，给人们留下了言而无信的印象，后有燕国相国贪图权贵，得王位，杀太子，国内政局动荡不堪，王室的威严早已一落千丈，财力也在逐渐下降，不复当年的辉煌。所以根本没有人会相信他，更没有贤士愿意来帮助他。但是后来燕昭王听取了郭隗的建议，重用贤臣，用实际行动证明了自己会拿出燕国本就不多的资金来招纳贤才，以此彰显自己诚信的品质，以信招才，从而富国强兵。

延伸思考

有一次，宓子贱被鲁国国君任命为亶父的地方官。临行之前，宓子贱隐隐有些担心，害怕自己在外任职，如果有人向国君进谗言，国君偏听偏信，就会影响自己行使职权。想来想去，宓子贱终于想出一个办法，他向鲁君要了两名贴身的书吏，一起到亶父去了。来到亶父后，宓子贱当着本地大小官吏的面，叫两名书吏写文书。书吏拿着刀子刚开始往竹简上刻，宓子贱就在一旁摇晃他们的胳膊肘。受到这样的影响，书吏当然写不出什么好字。宓子贱就生气说这两个书吏不中用。书吏们很气愤，索性辞职准备回都城。宓子贱也不挽留,反而冷冷地说:"你们字写得不好,回去也罢!记得告诉国君我为什么叫你们回去的。"两个书吏受了委屈,回去以后就向国君告了状。鲁国国君沉吟良久,说:"唉!这是宓子贱在拐着弯儿向我进谏呀!他是怕我听信谗言,干扰他的行政,到头来反而怪他办事不力。"于是,国君专门派亲信到亶父去,转告宓子贱说:"从今天开始,亶父不再是国君的亶父,而是宓子贱的亶父。只要是有利于治理地方的举措,请宓子贱便宜行事,五年后再向国君汇报即可。"

  从那以后,国君果然不再干涉亶父的事务。宓子贱得心应手,把亶父治理得井井有条。后来人们就用"掣肘"来形容牵制别人做事,使人放不开手脚。

  燕昭王重信守诺,广聚英才。鲁国国君给予宓子贱高度信任,不干涉他的行政事务,宓子贱把亶父治理得井井有条。可见,诚信是治国理政的重要法宝。

张释之执法

汉文帝出巡时,有人突然跑出来,使得汉文帝的马受到惊吓。那人被抓住后,经由廷尉张释之审讯。那人交代了封道时仍跑出来的原因。按照法律,那人应被处以罚款,但皇帝却认为此人的行为威胁到自己的生命,这一处罚太轻了。张释之主张法律面前人人平等,如果因受害者是皇帝而肆意改变法律,会使民众手足无措。汉文帝思考后接受了张释之的观点。

后来,有人盗走了高祖庙前的玉环。按照法律,偷盗宗庙服饰器物应该处以灭族,但此人被抓后却被处以死刑。汉文帝知道后非常愤怒,认为廷尉没有依法审判。而张释之再一次解释说,即使所犯的罪名相同,也应该根据犯罪情节的严重性来审判。汉文帝与太后商量后,接受了张释之的说法。周亚夫与王恬开都敬佩张释之执法公正,与其结为挚友,张释之也为天下人所称赞。

案例解读

国家的信用依靠法制维护,而法制是诚信的最高体现。对张释之而言,法律面前,人人平等,没有人可以因为自己的主观原因而肆意改变法律。因此,张释之在执法过程中尽量做到公平公正,同时又在合乎法律的前提下,维护平民等弱势群体的利益。

张释之冒着被皇帝、权贵责罚的危险,坚持按照法律的规定执法,是信守法律的典范。同时也可以从侧面看出,汉文帝是善于纳谏、重视法治的皇帝,即使一时难以接受张释之的判决,但是汉文帝明白法律是国家最大的诚信威严,处理是否得当,可能会影响整个国家的政治局势,所以在深思熟虑后仍然接受了张释之的执法,造就了后来的"文景之治"。

延伸思考

大理寺是隋代司法机关,大理正是大理寺的长官。赵绰曾任大理正一职,他以清正刚直、执法不阿而闻名于世。赵绰曾屡次纠正隋文帝违法量刑

的错误行为。隋开皇初年,社会上偷盗抢劫等犯罪现象屡禁不止,隋文帝很气愤,下令凡遇此等罪犯,皆严刑处斩。对于这种量刑过重的做法,赵绰向隋文帝直言进谏:"律者天下之大信,其可失乎!"隋文帝觉得赵绰说的有道理,便采纳了他的劝谏。

有一次,刑部侍郎辛亶穿了一件俗名叫"利于官"的红裤子,隋文帝知道后非常不高兴,认为这有巫蛊邪术之嫌,下令将辛亶判处斩刑。对于隋文帝这种滥用刑法的命令,赵绰当即说:"据法不当死,臣不敢奉诏。"隋文帝恼羞成怒,吼着对赵绰说:"你顾惜辛亶,难道就不顾惜你自己吗?"隋文帝当即命人将赵绰斩首。刑官在朝堂上就将赵绰的官服剥掉,隋文帝问赵绰:"怎么样,还敢固执己见吗?"隋文帝只不过是想吓唬一下赵绰,谁知赵绰太倔强,硬邦邦地回答:"执法一心,不敢惜死。"隋文帝气得拂衣进入后堂,过了很久,才命令释放了他。第二天一早,隋文帝就召见了赵绰,向他表示歉意,还赐给他三百段绢。

赵绰和张释之虽处不同朝代,却有着同样崇高的精神。作为执法者,他们严格公正、不偏不倚、不枉不纵,甚至不惜以生命来维护法律的严明,维护国家的信用。正如赵绰所言:"律者天下之大信,其可失乎!"在古代能有这样的思想,实在难能可贵。

历史和现实都告诉我们,法治兴则国兴,法治强则国强。只有真正做到"有法可依、有法必依、执法必严、违法必究",我们才能构建一个和谐的社会。中学生从小就要培养法律意识,养成学法、知法、守法、用法、护法的良好习惯,让法律永存心中,做一个合格的小公民。

参考文献

[1] 李世平.诚信故事 100 例[M].上海:立信会计出版社,2017.

[2] 百度百科.赵绰[EB/OL].(2017-09-12)[2021-03-26]. https://baike.baidu.com/item/%E8%B5%B5%E7%BB%B0/10997236? fr = aladdin.

 走近诚信：诚信故事伴我行

唐太宗的诚信治国之道

贞观初年，有人上书请求除掉皇帝身边那些奸佞臣子。唐太宗对上书的人说："我任用的人，都是贤臣，你知道谁是佞臣吗？"那人回答说："我住在民间，的确不知道谁是佞臣。请陛下假装发怒，来试一试身边的大臣们。如果谁不怕雷霆之怒，直言进谏，那就是正直的人。如果谁一味依顺陛下，不分曲直地迎合皇上的意见，那就是佞邪之人。"唐太宗回头对封德彝说："流水是否清浊，关键在于源头。君主是施政的源头，臣民好比流水，君主自行欺诈妄为，却要大臣行为正直，那就好比是水源浑浊而希望水流清澈，这是根本办不到的。我常常认为魏武帝曹操言行多诡诈，所以很看不起他的为人。现在如果让我也这么做，不是让我效仿他吗？这不是实行政治教化的办法！"于是，唐太宗又对上书的人说："我要让全天下人都讲诚信，不想用诈骗的行为损坏社会风气，你的话虽然很好，但我不能采纳。"

贞观十年，魏征上疏说，臣听说国家的基础，在于道德和礼教；国君地位的保障，在于诚实信用。有了诚信，属下就不会产生二心。实行德政，边远的人民也会来归顺。由此可见，德、礼、诚、信是国家的纲领，贯穿在君臣、父子关系中，一刻也不能偏废。所以孔子说："君王以礼对待臣子，臣子以忠心侍奉君王。""得不到人民的信任，国家就无法存立。"文子说："说出话来能够使人相信，是因为说话之前已经取信于人，发出令来能够得到执行，是因为命令之中含有诚意。"说了却不做，是言而无信；接受了命令却不执行，是没有诚意。如果是君王，就会败坏名声；如果是臣下，就会危及生命。因此，即使身不由己，处境艰难，君子也不会做有失诚信的事情。

案例解读

唐太宗李世民在位期间政治清明，经济复苏，文化繁荣，史称"贞观之治"。李世民的成功与其诚信治国、虚心纳谏有着非常重要的关系。他认为，君民关系如舟和水，水能载舟，亦能覆舟，做君主必须以身作则，才能取信于臣民。君主好比流水的源头，如果源头浑浊，共享这流水的民与臣也必

然无法清澈,整个国家的风气就会腐败不堪。

同时,唐太宗对于少数民族也采取了诚信、平等、开明的政策。文成公主入藏被传为一段佳话,李世民被尊为"天可汗"。诚信治国不仅在古代对王朝起着重要的作用,在当代更有其现实价值。在构建人类命运共同体的新时代,国与国之间的诚信是各国合作与交往的前提。

延伸思考

据《资治通鉴》记载,唐太宗爱民如子,他曾说:"人死了不能再活,执法务必宽大简约。"唐太宗规定,杀一个死囚,得向皇帝报告三次,而且实行死刑之日,皇帝不能进酒肉,不能欣赏歌舞。因为酒能乱性,音乐能使人沉湎于情感中,不能进行理性思考。这个规定的目的是在犯人被行刑前的最后一刻让皇帝冷静思考,以免错杀无辜。贞观六年(632年)年末,唐太宗李世民亲自审查、复核案件。看到30多个死囚时,唐太宗觉得他们很是可怜,就下了一道圣旨:把他们一律放回家,与家人团聚,一年之后的秋天回京问斩。接着太宗又下了一道命令:把全国的死囚都放回去,来年都到京城一起问斩。于是,全国390个死囚都回了家。贞观七年,被放回去的390个死囚,没有人带领,也没有人监督,都按时从各地返回长安,没有一个逃跑或躲藏的。最后,太宗将这些死囚全都赦免了。

这则故事展现了唐太宗作为一代明君的胸襟气度,他给予囚犯信任,允许囚犯回家团聚,囚犯也以同样的诚信回报唐太宗。同时,这也再次证明相互信任、以诚相待的君民关系对于营造良好社会风气的重要性。

参考文献
[1] 李世平.诚信故事100例[M].上海:立信会计出版社,2017.

苏定方信存都曼

苏定方是唐初著名将领，少年时就跟随父亲征战，骁勇果敢、气魄惊人。

唐高宗显庆四年（659年），葱岭（今帕米尔高原）以西的思结阙俟斤都曼（以下简称"都曼"）勾结疏勒、朱俱波、喝般陀等图谋反叛，攻破唐安西四镇之一于阗（今新疆和田西南）。朝廷下诏命令苏定方担任安抚大使，率军西征。

苏定方经过长途跋涉，抵达碎叶水，而敌军在马头川筑营据守。苏定方挑选1万名精锐步兵、3 000名骑兵飞驰突袭，一天一夜强行进军数百里，迅速抵达敌军驻地。都曼没想到唐朝军队这样快就到达，大惊失措，率军仓促应战，被打得惨败，逃到马保城。苏定方又挥师速攻，唐朝军队进逼城门之下。到了夜间，后续部队陆续赶到，唐朝军队将城池四面包围起来，都曼无计可施，于是把自己捆绑起来，出城投降。

显庆五年（660年），苏定方率军押送俘虏到东都洛阳。唐高宗亲临乾阳殿，举行受降仪式。司法官员提出都曼是反贼，要问斩。苏定方叩头请求说："臣先前已经告知都曼，陛下有好生之德，自动投降可免死，他才出城投降。既然和他有过约定，他已面缚待罪，希望饶其性命。"唐高宗说："朕成全爱卿的信义。"于是宽恕了都曼。自此，葱岭以西便安定下来。

案例解读

苏定方作为一代名将，为世人铭记，不仅仅是因为他屡立战功，更在于他是一个守信重义的人。

唐初都曼是西域少数民族的首领，他野心勃勃，图谋反叛。苏定方凭借着一腔热血，率精兵良将，长途奔袭、作战神速，谈笑间打得敌人狼狈不堪。然而面对叛军之败，苏定方并没有狂妄自大、赶尽杀绝，反而心存仁义，许诺都曼免死。苏定方到了唐高宗面前，主动上前为都曼求情。皇帝感念苏定方的功劳和信义，赦免了都曼的死罪，从此西域边陲安定。

苏定方一生戎马，凭借其卓越的军事才能和信义正直的可贵品德，取得了一系列非凡战绩,他北击颉利、西灭突厥,平葱岭、夷百济、伐高丽,"前后灭三国,皆生擒其主",为大唐开疆拓土。

 延伸思考

三国时期,南中(今云南、贵州和四川西南部)诸郡叛乱,诸葛亮率军平叛,所战皆胜。诸葛亮得知叛军首领孟获在当地非常得人心,于是下命令不许杀死孟获,只许活捉他。果然一场战斗结束,孟获被擒。这时,蜀国的将领和兵士欢呼雀跃,希望早日处决孟获,以儆戒反叛者。不料诸葛亮不仅不杀孟获,还亲自为他解绑,带领他参观军营,并问孟获:"你觉得蜀国的军队训练得怎么样?"孟获回答说:"以前不知虚实,因此失败。现在我看到你们的兵营阵列,不过如此,如果有机会再打一仗,我一定会胜!"诸葛亮心知其尚不服气,笑着对孟获说:"那我现在就放你回去,好好准备,再打一仗。"

诸葛亮真的把孟获放了回去。孟获着实准备了一番,同诸葛亮再战。不料第二次战斗结束,孟获又被擒了。诸葛亮还像第一次那样对待他,一不杀,二不骂,只是问他为什么又打败了。孟获低头不语,诸葛亮见他不说话,知道他还是不服气。于是诸葛亮又把孟获放回去,约他再来战斗。这样七擒七纵,到最后一次,诸葛亮连问也不问,立即还欲放孟获回去。孟获尽管性子很倔强,但还是深深感动,他说:"蜀国的军队威力无比,不可战胜。诸葛丞相不仅智慧过人,还如此守信,实在叫我佩服。从今以后,我们再也不造反了!"于是,南中叛乱终于平定。

用兵之道,攻心为上,攻城为下,心战为上,兵战为下。诸葛亮守信七擒七纵孟获,让其心悦诚服,归顺蜀汉。受儒家文化影响,中国自古以来就推崇"怀柔远人""尚德抑武"的思想,强调仁、义、礼、信的道德感化之力。

参考文献

[1] 百度百科.苏定方[EB/OL].[2021-03-26]. https://baike.baidu.com/item/%E8%8B%8F%E5%AE%9A%E6%96%B9/1477256? fr = aladdin.

[2] 少年百科.诸葛亮 诚信服孟获,攻心反自消[EB/OL].[2021-03-26]. https://www.zww.cn/baike/ebook/1/386100/386139_2.htm.

诚信治国篇总结

人无信不立,国无信不昌。诚信是一个人的安身立命之本,也是一个民族、一个国家的生存之基。

本篇中几则有关治国的诚信故事,给了我们很好的启示。齐桓公坚守盟约,归还土地,因诚信而获得诸侯拥戴;商鞅立木为信,"七国之雄,秦为首强,皆赖商鞅";张释之、赵绰的执法让百姓认识到"律者天下之大信";唐太宗虚心纳谏、诚信治国,有了"贞观盛世"。而周幽王为博褒姒一笑,烽火戏弄诸侯,导致众叛亲离;周天子与郑庄公想通过交换人质来缓解矛盾,但事与愿违,因为双方并非出自诚信本心。由此可见,诚信在政治、军事、外交、司法等治国安邦的各个领域都极其重要。

如今,诚信是一个国家的社会经济环境和国民素质的重要体现。中国传统诚信治国理念体现了古人对美好社会的向往和追求,其合理因素对当今社会仍具有积极意义。同时,我们要将其与现代诚信观有机结合,打造适应现代社会的诚信建设体系。

诚信是治国理政的根本,是和谐社会的基石和重要特征。党的十八大提出,深入开展道德领域突出问题专项教育和治理,加强政务诚信、商务诚信、社会诚信和司法公信建设。各级党和政府开展了形式多样的全民诚信道德教育活动,取得显著效果。然而,诚信问题若想标本兼治,仅靠开展道德教育是不够的,还需要制度和法律来约束。党的十九大明确提出"推进诚信建设制度化"。党的十九届四中全会进一步从国家治理现代化的高度提出完善诚信建设长效机制。这是将诚信全面融入法治建设和社会治理全过程,实现德法融合、德法兼治的一大突破。党的二十大再次强调"弘扬诚信文化,健全诚信建设长效机制"。在新的发展阶段,把握新时代诚信建设的丰富内涵、精神实质和实践要求,具有重大的理论与实践意义。

思考题

1. 诚信是社会治理的基石,诚信与我们日常生活的方方面面紧密相连。

诚信治国篇

近年来,我国社会讲诚信、重诚信、守诚信的氛围日益浓厚,但依然存在一些不诚信的现象,请你结合所见所闻为诚信社会建设建言献策。

2. 同学们,班级也是一个小社会。在强调以诚信推进社会治理创新的同时,我们先要树立主人翁意识,从自己的班级诚信建设做起。你认为具有班级主人翁意识应表现在哪些方面?你是否有行之有效的诚信治班建议?

诚信体验活动

诚信辩论赛

一、指导语

围绕"诚信"这一话题展开辩论赛。正反双方各选择 5 位辩手,其他同学作为观众,参加最后的投票。正方观点:诚信做人吃亏。反方观点:诚信做人不吃亏。自由辩论阶段可以视情况调节时间。

二、活动步骤

1. 双方阐述各自观点,正方一辩手先发言,反方针对正方观点进行辩驳,时间为各 3 分钟。

2. 正方一辩手针对反方观点进行反驳,时间为 1 分 30 秒。

3. 反方一辩手针对正方一辩手观点进行反驳,时间为 1 分 30 秒。

4. 正方二辩手针对反方一辩手观点进行反驳,时间为 1 分 30 秒。

5. 以此类推,直到反方五辩手针对正方五辩手观点进行反驳,时间为 1 分 30 秒。

6. 正反双方针对本环节进行小结,时间为 2 分钟。

7. 自由辩论。

8. 正反双方总结观点。

9. 观众经过辩论后选择更能说服自己的一方,为其投票。

三、问题讨论

1. 辩论赛结束后,作为辩手有何感受?

2. 作为观众有什么感受?哪位辩手的发言内容打动了你?

四、注意事项

1. 注意控制时间。

2. 自由辩论阶段,发言辩手落座视为发言结束,即为另一方发言开始的计时标志,另一方辩手必须紧接着发言。

3. 须脱稿发言。脱离实际,或背诵预先准备的稿件的,适当扣分。

信任之桥

一、指导语

你信任过别人或被别人信任过吗?现在就让我们感受一下信任的力量带来的奇迹吧!

二、活动步骤

1. 所有人坐在椅子上围成一圈,间隔一个手臂的距离,然后按一个方向躺下去,头放在另一个人的腿上,依次倒下。

2. 等大家都准备好之后,把椅子撤掉。

3. 在第一轮游戏中,引导者给予消极暗示,使游戏朝失败的方向发展。

4. 在撤椅子前提问:"若把所有的椅子都抽走,猜猜会怎样?会不会有摔倒的危险?"并做确实会有摔倒可能的回答,提醒游戏参与者一定要小心,注意保护自己。

5. 在第二轮游戏中,引导者给予积极暗示,使游戏朝成功的方向发展。

6. 引导者在撤椅子前进行激励:"你们准备好了吗?请手拉手对同伴大声说,我相信你!我准备好了!请相信我!"

三、问题讨论

1. 听到引导者要把椅子撤掉时,你有什么感受?

2. 第一轮不敢往后躺的原因是什么?第二轮成功后感觉自己的心态有什么变化?

3. 这种不信任的状态带给你什么感受?

4. 知道队友担心时,你心里有什么感受?

5. 你觉得这个游戏完成的要点是什么?

6. 第二轮成功后,你与大家的关系有什么变化?

四、注意事项

1. 引导者注意观察每个游戏参与者的反应。
2. 根据观察结果,有针对性地提问游戏参与者。

参考文献

[1] 谢维兴,朱林.中小学心理健康教育课课堂实录 45 例[M].福州:福建教育出版社,2018.

诚 信
天 下 篇

走近诚信：诚信故事伴我行

拿破仑的玫瑰诺言

卢森堡第一国立小学的大门口竖了一座玫瑰花束的雕塑，雕塑的下方刻着"1797—1984"字样。这座代表着美丽浪漫的玫瑰雕塑背后却有着一段发人深省的故事。

1797年，拿破仑造访卢森堡第一国立小学，校方给予了热情的接待。拿破仑非常满意，向该校赠送了一束价值3路易的玫瑰花。拿破仑宣称，玫瑰花是两国友谊的象征，为了表示法兰西共和国爱好和平的诚意，只要法兰西共和国存在一天，他将每年向该校赠送一束同样价值的玫瑰花。

后来，拿破仑忙于战事，把承诺抛到了脑后，没有履行他的诺言。可卢森堡第一国立小学并没有忘记这位大英雄的诺言。第二年同日，卢森堡第一国立小学全体师生身着盛装，准备迎接拿破仑派人送来的玫瑰花，可是他们热烈期盼的那束玫瑰花并没有如约而至。第三年同日，卢森堡第一国立小学全体师生仍旧盛装迎接，但依旧是失望而归。就这样卢森堡第一国立小学的师生们盼了一年又一年。

历史前进的脚步一刻也不曾停息，转眼间已是近一个世纪的时光。1984年，卢森堡王国郑重向法国政府致函，重提这"赠送玫瑰花"的诺言，并且索赔：一、从1798年算起，用3路易作为一束玫瑰的本金，以5厘复利计息全部清偿；二、或在法国各大报刊上，公开承认拿破仑是个言而无信的小人。法国政府不想做出有损拿破仑形象的事情，但原本只有3路易的一束玫瑰花，本息已达1 375 596法郎。

经过反复斟酌，法国政府终于提出了一个令双方都满意的解决方案：第一，马上给卢森堡第一国立小学建一座现代化的教学大楼，这所小学的毕业生将来如果愿意到法国留学，一切费用将由法国政府承担；第二，以后无论在精神上还是物质上，法国政府将坚定不移地支持卢森堡的中小学教育事业，以弥补当年拿破仑的食言之过。一场跨越了200年的等待终于画上了圆满的句号。一座意味深长的玫瑰花束雕像就此矗立在卢森堡第一国立小学的大门口。

 **案例解读**

拿破仑的玫瑰诺言是关于承诺和守诺之间关系的典型案例。承诺容易守诺难,案例中的拿破仑在许下诺言后却将诺言抛到脑后,但被承诺的卢森堡第一国立小学的师生们却深信其诺。许多年以后,法国政府为拿破仑的失信行为采取了补救措施。本案例给我们最大的启示是,对于自己无法完成的事,不要轻许诺言;而一旦许诺,就要去践行。做出承诺容易,一直兑现承诺则要难得多。身居高位者一旦不能兑现承诺,或者兑现的承诺打了折扣,甚至否认曾经做出的承诺,那么不仅会有损自身的诚信形象,还会对全社会的诚信体系造成不良影响。在社会生活中,承诺和诚信就是一次次的心理博弈,违背约定的人损害的不仅是个人形象,还可能是国家的整体形象。拿破仑至死也没有想到,自己一时兴起的承诺,会给后人带来这样的尴尬:为了维护这位伟人的光辉形象,人们不得不以高昂的代价来代为履约。

 延伸思考

由此可见,诚信绝非一件无关紧要的小事,个人的诚信与否还可能会影响国家、民族的国际形象。法国政府不惜斥巨资挽回的不仅是拿破仑的形象,更是法兰西民族的国际形象。在历史上,因个人的诚信而维护了国家荣誉的例子也不在少数,巴伦支船长正是这样一位用个人信誉替国家形象做了最好宣传的人。

威廉·巴伦支是荷兰著名的探险家、航海家,他生活在荷兰拥有海上霸权、被称为"海上马车夫"的时代。巴伦支船长热爱航海事业,他一生致力于开拓通过北冰洋的欧亚东北航道。他曾在1594年、1595年和1596年3次试航,虽然每次都进入了北冰洋,但前两次航行,他都被冰块所阻而被迫折返。1596年,在阿姆斯特丹商人们的赞助下,巴伦支指挥3艘船,带领着17名船员开始了第3次出征北冰洋的航程。

当他们航行到北极圈附近时,3艘船被浮冰分开,巴伦支在寻找另外两艘船时,航行到新地岛。就当他成功地绕过新地岛的最北端,准备前往瓦加奇岛时,不幸发生了,巴伦支的船被浮冰撞毁,他和水手们被困在新地岛,被迫成为第一批在北极越冬的欧洲人,迎接他们的是各种恶劣天气。北极圈是地球上最寒冷的区域之一,岛上常年覆盖着10~12英尺厚的雪,厚厚的积雪被冻结,变得像花岗岩一样坚硬。巴伦支船长和17名船员将在这种恶劣的条件下度过8个月。为了御寒,他们拆掉了船上的甲板做燃料;食物方面,他们靠打猎来勉强维持供给。在这样极端恶劣的环境中,有8个人陆续死去。

面临死亡威胁时,巴伦支等人做了一件令人难以置信的事:他们丝毫未动别人委托给他们的货物,而这些货物中就有可以挽救他们生命的衣物和药品。8个月后,幸存的巴伦支船长和9名船员通过了一段冰海,在新地岛南端幸运地获救。而巴伦支船长在返回荷兰的航程中去世。当水手们把货物完好无损地送到委托人手中时,他们的诚信之举震动了欧洲,也为荷兰商人在国际上赢得了宝贵的信誉。

到17世纪,荷兰几乎垄断了欧洲的海运贸易,其势力几乎延伸到地球的每一个角落,成为世界的经济中心。毫无疑问,荷兰的崛起和繁荣,很大程度上得益于巴伦支船长和17名船员,是他们不惜以生命坚守诚信,为荷兰商人创造了不朽的经商法则。

为了纪念巴伦支船长的义举,在俄罗斯的新地岛和挪威的斯匹次卑尔根群岛以及熊岛之间的汪洋上,有一片海域被后人命名为巴伦支海。

诚信无价,诚信是无法用金钱换来的;诚信无价,因为诚信的价值根本不能用金钱来衡量。巴伦支船长和船员们用生命来守护诚信,而这份精神又给国家带来了声誉和发展的机会。可见,诚信是被无数人认可的无形财富。作为青年学子,我们要像爱惜生命一样珍视我们的诚信品质,它不仅代表着我们的个人形象,也代表了国人的信誉。当我们有机会走出国门、走向世界时,诚信就是我们最好的一张个人名片。

参考文献

[1] 李世平.诚信故事100例[M].上海:立信会计出版社,2017.

康德准时赴约

在朋友们的眼里,德国著名的哲学家康德不仅对学术要求严谨,对时间的把控更是严格。康德对朋友们说,守时是对对方的尊重和最基本的礼仪。

关于守时,康德的一位老朋友皮斯特有话要说。他从一个老妇人那里听到这样一个故事。他的老朋友康德为了准时赴约,竟买下了老妇人的破房子。皮斯特听完大为震惊。故事的原委是这样的:有一次康德要来皮斯特所在的强芬小镇拜访。康德在拜访皮斯特之前给他写了封信。信中康德跟皮斯特约定了见面时间,并且康德承诺在约定时间之前到他家。

去往皮特斯家最近的一条路要经过一条河,康德需要从桥上穿过去。但当马车来到河边时,车夫停了下来,对车上的康德说过不了河,桥坏了,再往前走很危险。康德只好从马车上下来,他看了看桥,发现桥中间已经断裂,确实不能再往前走了。康德看看时间,离他跟皮特斯约好的时间已经很近了。于是,他焦急地问车夫附近还有没有别的桥。车夫告诉康德,在上游还有一座桥,离这里大概有 6 英里。但从上游那座桥走的话,康德可能会迟到。

于是,康德跑到附近的一座破旧的农舍里,向主人打听买下他们这间小屋要多少钱。农妇听了他的话很吃惊,因为这间房子又破又旧,地段也不好。于是,农妇问康德为什么要买她的这间小屋。康德没有回答她的问题,只问农妇是否愿意卖。农妇毫不犹豫地将小屋卖给了康德。康德又对农妇说:"如果您能马上从小屋上拆下几根长木板,在20分钟内修好这座桥,我将把小屋赠送给您。"农妇再次感到吃惊,但还是把自己的儿子叫来,及时修好了那座桥,马车终于平安地过了桥,康德准时来到老朋友的家。

皮斯特听完这个故事,对他的老朋友康德敬佩不已,还专门写信给康德说,我没想到你准时的背后竟付出了这么多,晚一点没关系,只要能见到你就很高兴了。可是康德却说,我既然答应了你准时赴约,我就一定要说到做到。

 **案例解读**

守约是一种美德,懂得珍惜时间的人不但要注意不浪费自己的时间,而且应时时注意不能浪费别人的时间。为了自己的私利总是浪费别人时间的人,是一种自私的表现。守约是对他人的尊重。康德为了体现他对老朋友的尊重,更是不惜舍弃自己的钱财。德国有句谚语:"一两重的真诚,其值等于一吨重的聪明。"这和中国的成语"一诺千金"其实是一个意思。遵守时间约定,表面上是一桩小事,而实际上反映的是一个人诚信的品质。在这个故事中,康德把遵守时间当作为人处世的基本准则,这是一种理性而严格的诚信品质。这位严谨的思辨哲学家在生活中同样严谨,视社会生活中的诚信为生命。康德认为,一个人的诚信必须从承诺开始,即使遇到突发情况,也必须兑现承诺,否则这个人就是一个缺乏信誉的人,也是一个不值得他人尊重的人。康德创立的实践哲学包含诚信理论,而他同样用自己一生的行为在践行着自己的理论,这使他的哲学思想和人格魅力至今仍然有广泛而深刻的影响。

 延伸思考

古语云:"言而无信,不知其可。"这句话告诫后人,一个人如果没有诚信,他就不能在社会上站稳脚跟。可见,一个人要想在这个社会上取得长足发展,赢得别人的信赖,就要具备诚信精神,遵守每一个承诺。和康德一样,被誉为"日本麦当劳之父"的藤田先生也是恪守承诺的典范。我们来看看他的故事对我们有何启发吧。

1968年,日本麦当劳社社长藤田接受了美国油料公司订制300万美元西餐用刀叉的合同,合同上规定当年8月1日在美国芝加哥交货。藤田社长虽然组织好几家工厂生产刀叉,但由于误工,7月27日晚上才急促完工。东京和芝加哥之间的距离十分遥远,若不采用空运,8月1日之前货物肯定不能到达芝加哥,但当时空运的费用实在是太高了。藤田社长是一个做事严谨、恪守承诺的人,他毫不犹豫地租下美国航空公司的波音707货运机。虽然他花费3万美元做了个亏本生意,却使货物在合同规定的时间内抵达芝加哥。

诚信天下篇

第二年,美国油料公司又一次和藤田社长签订了订制刀叉的合同,这次是600万美元,这是油料公司在日本横滨市有史以来最大的一次订货。不幸的是,这次又面临误期危险。为了信守承诺,藤田社长再次不惜损失,租飞机将刀叉按时运往目的地。

我们或许会觉得藤田社长这种受累又吃亏的买卖不做也罢。亏损太多不说,藤田社长还会因此受到众人的冷嘲热讽。但是,藤田社长一直坚信:只要信守承诺,一定会赢得美国油料公司的信赖,一定会有新的订货。

功夫不负有心人。在接下来的几年里,日本麦当劳果然连续不断地接到美国油料公司的餐具订单,并且数量越来越大。由于以前积累的经验教训,之后的货物总是及时送到,并且质量很好,日本麦当劳和横滨市的所有加工厂都取得了非常好的经济效益,藤田社长也因此获得了丰厚的回报。这就是取得他人信赖之后产生的巨大影响力,藤田宁肯亏损也绝不爽约的"契约精神"真是无形的财富。

现在社会上也存在少数这样的人:他们前期通过自己的努力付出,取得了他人的信赖,后期却为了个人私利而弄虚作假,欺骗那些曾经信任他们的人。一旦谎言被揭穿,他们得到的就是众人的唾弃。同学们,在日常生活中,不少人都有这样一个坏习惯:常常会为自己没有兑现的承诺去找种种理由和借口,企图推卸自己本该承担的责任,小到忘记家人朋友托付的一件举手之劳的小事,大到因个人的失信而使集体甚至国家蒙羞。不管我们的理由和借口是不是事实,失信的责任总是自己应该承担的。为了避免失信,我们在做出承诺之前,一定要扪心自问:"我能不能做到?"如果可以,就要很坚定地答应别人;如果觉得自己做不到,就一定不能许诺。只有慎重承诺,勇于为承诺承担责任,才能说到做到,真正成为让他人信赖的人。

参考文献

[1] 李世平.诚信故事100例[M].上海:立信会计出版社,2017.
[2] 曾高潮.青少年成长智慧丛书——诚信[M].北京:天地出版社,2012.

石币之岛

密克罗尼西亚是太平洋的三大岛群之一,最西边的岛被称为雅浦岛。1903年美国人类学家威廉富内斯曾在这座岛上居住过一阵子,并发现雅浦岛土著在交易时,使用的不是金银财宝,而是一种巨型"石轮"。

雅浦岛上没有诸如金银之类的金属资源,但石头众多。为了解决交易问题,岛民们最终选择了一种叫作"费"(fee)的巨型石轮作为支付货币。石头虽多,但是越是难得的石头,价值才会越高。石灰岩最为难得,需要在离雅浦岛数千米远的另外一个岛上才能找得到,且需要使用竹筏运输回家。雅浦岛部落的探险家们开采这些石灰岩,并将开采到的石灰岩制成中空、外部呈环形的石轮。制作完成以后,他们用竹筏运输到雅浦岛作为货币使用。这些石轮有大有小,直径从1码到12码不等,直径越大,价值越高,面额也就越大。

这些石轮巨大而笨重,大大超出了我们对货币易于分割、便于携带的认知。这些岛民将石币运回雅浦岛上,在交易时却会面临分割、搬运的难题。东西卖出去了,但"钱"又大又重,无法搬回家,这个时候怎么办呢?

岛民发明了一种所有权确认制度,交易双方在决定使用多大的石币付费后,如果那个石头太大,不方便运输,那么卖家只需要在买家的石头上做归属于自己的标记即可,这就算付费了。那个标记已经能说明石币属于卖家,但是石头仍然在买家的家里。不得不说雅浦岛人的心理素质比较好,对大多数人来说,做个标记就说明钱是属于那个人的未免太草率了。假如某个人偷偷在石币做上自己的标记,那该怎么办呢?对于这一点,雅浦岛人内部应该是有很强烈的共识的,当所有人的共识都高度一致的时候,信任问题也就不复存在了。

案例解读

这个故事听起来很疯狂,不需要贵重的金银财宝,只要标个记号,相互承认,财富就归属于某个个体。这不可思议的故事说明了信任的重要性。

人们相信石头能代表财富,石头就能充当一般等价物。即使石头不在交易人手中,石头依旧能行使货币的功能,使交易正常进行。石币之岛的故事较好地阐述了信用与社会契约。由于环境相对封闭、监督成本较低,对违背契约的后果预期明确,石币之岛维持了稳定的货币体系和社会契约。虽然这还不能构成真正意义上的社会契约,现代社会的社会契约必须通过法治建设来构建和维持,社会成员越多,法制的规模效应也就越明显,但雅浦岛村民通过风俗等非正式的制度规则维持了信用货币的稳定,每个人都将诚信作为行为的优先选择。这个故事告诉我们,信用在经济交易中具有至关重要的作用,它也是经济良性运行的前提和基础。

延伸思考

随着全球经济和互联网的日益发展,货币成为可炒作、可交易的对象,货币的形式多种多样。近年来,数字货币迅速发展,已成为全球经济不得不重视的一环。而这一货币形式与诚信之间的关系也正在被越来越多的人思考和研究。

数字货币不像人民币钞票或硬币那样具有物理形式,而是以电子方式存在的,它可以使用手机、平板、计算机或互联网等技术在用户或实体之间传输。最成功和最广泛使用的数字货币莫过于比特币,但它究竟是未来货币的必然形式还是利用互联网制造的骗局,众多经济学家也是说法不一。

然而,数字货币与诚信社会的相互作用却引起了各国政府和经济学家的重视。在我国,中央政府面对这一新的货币形式采用顺势而为、取其精华的态度来为本国的经济和社会服务。2020年8月,央行宣布在多个城市进行数字货币试点。央行的数字货币具有国家信用,与法定货币等值,它的出现,推动中国货币体系从国家信用转向"国家信用+技术信用"。

央行的数字货币技术来源于区块链技术。区块链中的每一个账本,要记录和修改,都是要经过网络上所有账本检验才能修改。所以,区块链的每一个账本都记录了自己从诞生以来的所有交易信息,并且无法被篡改,这就是区块链所带来的"绝对"信任。同时,国家还可以利用掌控的大数据追踪任何一笔交易,如向偏远地区发放补助,从而不用担心资金被"截胡"或者挪用。洗钱犯罪、偷税漏税、贪腐、"老赖"等将无处可藏,这一技术有利于将货

币信用与人的信用融为一体,共同构建新的社会诚信体系。

从巨大石币的"标记"到看不见的"数字货币",它们既体现了货币的发展,又展现了"信用社会"的发展。同学们,在我们的日常生活中,"网上购物""信用卡消费"等行为都是一种基于诚信的活动。这些在我们生活中随处可见的活动考验了我们的诚信,见证了我国诚信体系的发展。作为其中一员,我们也要为之添砖加瓦。

参考文献

[1] 李世平.诚信故事100例[M].上海:立信会计出版社,2017.

信誉的债务

1946年，停业31年的罗迪银行终于又要开张了。开业当天的清晨，银行门口已聚集了一大群人。乔治在人群中看到了一个阔别多年的身影，是他的一位老朋友汤姆。乔治好奇地走上前去问汤姆："你不是三十年前就搬到离这里较远的宾夕法尼亚州了吗？今天怎么会回到这里呢？"汤姆说："我收到了罗迪银行的邀请函，今天是特地来罗迪银行存钱的。看，今天来的人中有许多都是罗迪的老客户。"汤姆开始给乔治讲起了罗迪和罗迪银行的故事。

20世纪初移居美国的人大都十分节俭，他们尽量把每分钱都积攒下来。纽约市的佛兰普科斯·罗迪便成立了一家小银行，以吸收移民的存款。罗迪为人热情友好，他的储户们都很信任他。然而，1915年圣诞节前的一天，3个蒙面歹徒冲进银行，将银行里的钱席卷一空。储户们听到这一消息，都蜂拥前来提款。虽然罗迪尽了最大努力兑付，但仍然不支，最后被迫宣告破产。250个储户共损失了18 000美元。从法律层面来说，破产后罗迪本不必继续还钱，但罗迪说："法律上也许是这样的，不过，我个人是要认账的，这是信誉上的债务，我一定要归还。"为了还债，他早出晚归，杀猪、补鞋，还发动自己的孩子上街卖报。

"他这个人还真是个很讲信用的人呀。"乔治钦佩地说。汤姆说："是呀，罗迪银行破产时，我还有177美元没有取出来，本以为钱就这样打水漂了，可没想到，在我最困难的时候，罗迪给我寄来了50美元，并承诺每月还我10美元。后来他真的做到了，他不仅还了我的本金，还一道把利息还给了我。我本来想我是不是少数被他照顾的对象，可后来我还听说有一位罗迪银行的老储户因为财务危机，交不上税，差点要去坐牢，也是罗迪及时还钱，那位老储户才免遭牢狱之灾。"汤姆激动得眼睛都湿润了。"可不是嘛"，旁边一位老妇人也凑上来补充，"当年我身患重病，丈夫也因意外去世，我和孩子走投无路时，罗迪先生打听到了我的情况，赶紧给我寄来100美元，解决了我的燃眉之急。此后，他也是每月给我寄10美元，直到本息全部给我为止。他真是个守信的人。所以,今天罗迪银行再次开业,不论多么远的路程,我都要赶过来存钱,因为我相信罗迪这个名字,更相信罗迪银行的金牌信誉。"

罗迪用整整31年的时间还清了所有储户的钱,他的行为得到了所有老储户们的好评。后来,罗迪的故事也通过各大媒体被人们广为传播,感动了很多美国人,大家都愿意把钱存到讲信誉的罗迪银行。这样,罗迪银行逐渐发展壮大,在美国银行业中占有一席之地。

案例解读

罗迪银行被洗劫一空,并宣布破产。从法律层面上来讲,罗迪没有义务还债了,但是罗迪一家认为欠债还钱是他们的义务,因此他们坚守承诺,就算生活再苦再难,也没有放弃还清债务的信念。通过不懈努力和奋斗,他们终于将所有储户的存款全部还清,并赢得了储户们的信任。在银行重新开张时,老储户们不远万里来罗迪银行存款。这个故事告诉我们"信誉是经营必备的品质",老储户之所以选择罗迪银行,并不是因为罗迪银行的实力,而是因为罗迪银行遵守契约的精神,以及信守诺言的信誉。

在经济生活中,类似的信用问题很常见。一些企业由于诸多原因申请破产后,往往不会再理会之前欠下的债务;不少银行往往不愿意贷款给急需资金的中小企业,因为对它们缺乏信任。可见,信任问题与诚实问题其实是相辅相成的。要提高社会的信任水平,就需要每一个企业和个人努力做到诚实守信。

延伸思考

生活中,我们也会遭遇各种变故,也有可能因此背上债务。然而,在面对这样的债务时又有多少人能像罗迪那样宁可自己受苦受难,也要兑现承诺、维护信誉呢?英国著名文学家司各特不仅以出众的文学才华征服了世人,他誓死捍卫信誉的高尚品德也得到了人们的由衷赞美。下面就让我们来了解一下吧。

沃尔特·司各特是英国著名的历史小说家和诗人,他的代表作《艾凡赫》和《昆丁·达沃德》广为流传。

然而,以前,作家的收入很微薄。于是,他的朋友资助他开了一家出版印刷公司。但不久之后,他的公司合股人破产,导致他的印刷公司也随之倒闭,并欠下 114 000 英镑的债务。司各特的朋友们商量要帮他凑钱还债,却被他拒绝了。司各特说:"凭我自己这双手,我能还清债务。我可以失去任何东西,但唯一不能失去的就是信用。"为了还债,他夜以继日地工作,他的朋友们都非常佩服他,说他是一个正直高尚的人。

有一次,他的一个债主看了他写的小说后,专程跑来对他说:"司各特先生,我知道您很讲信用,但是您更是一个很有才华的作家。您应该把更多的时间花在写作上,因此我决定免除您的债务,您欠我的钱就不用还了。"司各特婉言谢绝了这位债主的帮助,并表示自己不能做没有信用的人。这件事之后,他在日记本里这样写道:"我从来没有像现在这样睡得踏实和安稳。我的债主对我说,他觉得我是一个诚实可靠的人,他说可以免掉我的债务,但我不能接受。尽管我的前方是一条艰难而黑暗的路,却使我感到光荣。为了保全我的信誉,我可能困苦而死,但我却死得光荣。"

由于繁重的劳动,司各特的身体变得越来越差。尽管这样,他在病中还经常说:"我欠别人的债还没还清,我一定要好起来,等我赚了钱,还了债,然后再光荣而安详地死去。"

最终,司各特因病早早地离开了人世。在他去世前,他还清了这笔惊人的债务。虽然他的人生后期因还债而没能留下更多有价值的作品,但他保持了自己的信誉,真正做到了"光荣而安详"地离世。

这些名人如此坚守自己的信誉,为我们树立正确的人生观、价值观做了最好的榜样。如今,在报纸上偶尔能看到有些人因还不起信用卡而毁了自己和家庭的幸福,他们有的铤而走险,触犯法律,锒铛入狱;有的走投无路,放弃了生命。究其根源,就是他们并未真正理解"信用"二字,看起来他们透支、欠下的是金钱,实际上,他们失去的是"诚信"。正因为没有及时认识到信用的重要性,他们在一次次挥霍中忘记了守信,忘记了欠款必须准时归还的基本规则,最终越走越远,无法回头。同学们,放弃诚信就意味着对自己生命价值的背叛;只有坚持诚信,才能问心无愧,生命才更有价值和意义。

参考文献

[1]李世平.诚信故事100例[M].上海:立信会计出版社,2017.

安达信：一个会计师事务所帝国的覆灭

安达信曾经是全球五大会计师事务所之一，拥有近百年的历史，是无数年轻求职者梦寐以求的圣殿，是无数普通公司难以望其项背的"泰坦尼克"。安达信最初创立于1913年，总部设在芝加哥，代理着美国2 300家上市公司的审计业务，占美国上市公司总数的17%；在全球84个国家设有390个分公司，拥有4 700名合伙人、2 000个合作伙伴，专业人员达8.5万人。安达信本是一条无数人都想搭乘的巨轮，然而2001年的"安然事件"，使这艘巨轮彻底沉入海底。

2001年12月2日，美国能源交易商安然公司向纽约法院申请破产保护，创下美国历史上最大的公司破产纪录。由于该公司虚报盈利的行为被披露后，股价急剧下跌，投资者及公司员工损失惨重，纷纷提出投诉。美国各部门联合证券交易委员会先后介入调查，除了揭露安然公司与政坛要员相互勾结的丑闻，承担审计工作的安达信公司自然难辞其咎。安然公司一半的董事与安达信有着直接或者间接的联系，甚至首席会计师和财务总监都来自安达信。在安然事件爆发的半个月里，安达信因涉嫌故意销毁数千份有关资料而受到美国国会的质询。

受该事件影响，福特汽车、默克制药、联邦快递、德尔塔航空公司等36家大客户纷纷与安达信解除合约。当时为了赶在沉没之前握住一根救命稻草，安达信的代表不得不与昔日的竞争对手、全球第二大会计师事务所德勤谈判，以求收购。但鉴于安达信面临多起司法调查，还可能深陷于安然公司股民的赔偿诉讼，德勤宣布无意收购安达信。安达信居然沦落到"卖身"而无人理睬的境地，简直让人难以想象。不过，打败安达信的不是别的什么对手，而是它自己。

2002年10月16日，美国休斯敦联邦地方法院对安达信会计师事务所妨碍司法调查做出最严厉的判决：罚款50万美元，并禁止它在5年内从事相关业务。在陪审团的裁定公布后，安达信美国公司宣布将退出从事89年之久的上市公司审计业务，并关闭了绝大多数办事处。安达信在过去20年中，有十几次涉嫌忽视、隐瞒客户的财务问题,不过每次都达成和解,巧妙地避开了法律的制裁,但天网恢恢,疏而不漏,安达信最终还是没能逃脱法律的制裁,受到了应有的惩罚。

 案例解读

安达信"崩盘"的直接原因是销毁有关安然的审计文件(这当然是严重的违规操作),实际原因是帮助安然公司"造假(账)""售假(虚报盈利骗取投资者)"而失去了公司立足之本的诚信。对一个会计师事务所来说,信用是其安身立命的根本,如果失去了信用,就等于失去了生命。安达信的致命错误恰恰是不珍惜它本应视为生命的东西。实际上,安达信在审计活动中的弄虚作假并非始自今日,也并非密不漏风,但均被它一一应付过去,并未造成太大影响。于是,侥幸心理和短期利益驱使着安达信在作假的歧路上越走越远,终至东窗事发,不可收拾。与安达信合伙作假的安然公司早在安达信之前已遭揭露,深陷泥淖。安达信的覆灭告诉人们,无论是一个人、一家企业还是一个民族,乃至一个国家,诚信都应是其立于不败之地的必要品质。

 延伸思考

安达信作为曾经享誉全球的会计师事务所,它的创始人亚瑟·安达信始终秉持着诚信的原则。也正是因为他的守信,安达信才一步步走向巅峰。我们来了解一下亚瑟·安达信和他的"安达信"吧。

1913年,年轻人亚瑟·安达信创办了安达信事务所。当时正值美国经济大萧条时期,很多公司连员工的工资都发不出来,但亚瑟·安达信始终坚持原则。1914年,一家芝加哥铁路公司要求安达信认可其一笔有争议的交易,以达到降低费用、提高收益的目的。当时,安达信成立还不到一年,且正值事务所缺少现金支付工资之际,但28岁的亚瑟·安达信坚决地回绝了该铁路公司的要求,并正告它:即便倾芝加哥全城的财富,也难以诱我让步。其结果不难设想,安达信立刻失去了一个审计客户。然而,数月后该铁路公司就陷入了破产。亚瑟·安达信坚信会计师的诚信本质,认为注册会计师要对投资人负责,而不仅仅是顾客,为此他不惜拒绝大客户。他对管理咨询的关注超过了传统的审计和税务服务。他认为,注册会计师有两个职责:为客户提供高质量的专业服务、承担社会责任。照直想,照直说(Think straight, talk straight)是安达信的经营理念,在一开始就确定下来。

1947年,亚瑟·安达信去世,这是安达信的一次生存危机。幸运的是,1949年,安达信的学生伦纳德·斯帕切克继承了他的衣钵。他发扬了亚瑟·安达信开创的"诚信高于利润"的传统。那时的安达信牢记创始人的执业原则,曾指责拜斯海姆钢铁公司将其1964年的利润虚增60%,还批评SEC(美国证券交易委员会)对公司假账监管不力。它坚持使用严格的会计标准,甚至不惜牺牲本公司和其他公司的利润。"不为五斗米折腰"使安达信成为世界上最大、最受尊敬的专业性服务机构之一。

安达信倒下后,美国出台了一系列法律来规范相关行业。而相关的从业人员和管理层也都从安达信的覆灭中得到了警示,开始自省和自查。如果安达信因背信而衰亡的事件能够换来道德的重返、市场的完善和进步,那么它也算能安慰一下已故的亚瑟老人。

对中学生来说,这些知名企业关于诚信与否的经验和教训是值得我们学习和引以为戒的。无论我们将来从事哪一行、哪一业,诚信都是所有职业最基本的操守,是为人处世的底线。一个人一旦失去了诚信的品质,那么再完美的人生规划都不可能让人成功。安达信因守信而名扬天下,又因失信而自毁长城。企业如此,个人的事业、声名又何尝不是这样呢?

参考文献

[1] 李世平.诚信故事100例[M].上海:立信会计出版社,2017.

[2] 中华会计网校整理.安达信会计师事务所的89年[EB/OL].(2006-07-07)[2021-01-10]. https://www.chinaacc.com/new/234/235/2006/7/ma883541917760026100.htm.

三菱汽车公司隐瞒汽车缺陷事件

2004年6月10日,日本神奈川县警方以涉嫌"业务过失致死罪"逮捕了日本第四大汽车制造商三菱汽车公司前总经理河添克彦等6名高层主管。据日本警方调查,三菱汽车公司有组织地隐瞒了其所属三菱扶桑汽车公司生产的载重汽车离合器系统零部件质量问题,没有根据日本有关法律向日本国土交通省报告,也没有采取将有问题车辆召回检修等必要措施,导致鹿儿岛一名39岁的司机于2002年10月因卡车离合器系统质量问题引发重大交通事故而身亡。当时,离合器壳存在缺陷致使驱动轴脱离车体,卡车失控撞墙。

根据日本警方的调查以及三菱汽车公司事后被迫公布的调查数据,三菱汽车公司以及三菱扶桑汽车公司自1992年8月以来,先后共隐瞒了155起汽车缺陷事件,其中有42起为存在"重大事故隐患"事件,涉及的汽车必须予以召回,并给予免费更换零部件的补救措施。该公司没有及时给予召回更换,导致在日本17个都道府县共发生31起各类交通事故,并有6人受伤、2人死亡。

三菱汽车公司隐瞒缺陷的丑闻被披露之后,日本国土交通省率先对三菱汽车公司进行了"封杀",并决定取消该公司在政府采购活动中投标资格18个月。随后,东京都、京都府、名古屋市、静冈县、埼玉县、爱知县等38个地方政府以及警察和消防部门也决定取消三菱汽车公司车辆投标资格3~18个月不等。一些民间的公共汽车公司和汽车运输公司也相继表示要在一定的时间内停止购买三菱汽车公司的车辆。有的机构还表示要等到三菱汽车公司有100%的质量保证之后才会再次考虑购买该公司的车辆。掌握三菱汽车公司37%股票的全球第五大汽车制造商——戴姆勒克莱斯勒拒绝为丑闻不断的三菱汽车公司提议的7 000亿日元拯救方案出资,决意抛弃三菱。三菱汽车公司面临自创办以来最大的生存危机。

案例解读

三菱汽车公司隐瞒产品缺陷，使其受到严重的名誉损失。同时，它也为失去诚信付出了沉重代价，面临自创办以来最大的生存危机。三菱汽车公司缺乏质量责任感，在错误的道路上越走越远。三菱汽车公司对问题车辆的缺陷进行隐瞒，产品缺陷发生后没有及时处理，这一系列失误反映出其员工的质量意识存在严重问题，这是一种质量责任感严重缺乏的表现。具有质量责任感的企业要用"假如我是顾客"的态度来对待质量，把"将不合格产品推向社会"看作一种严重失职行为，甚至是一种犯罪行为。而三菱汽车公司的行为则与之背道而驰，其员工在面对责任和短期利益的选择时，选择了欺骗顾客、坑害社会，三菱汽车公司在培育员工的质量道德感方面是失败的。三菱汽车公司隐瞒汽车缺陷事件凸显了企业诚信的重要性。此次事件虽然源于产品质量问题，但实际上对三菱汽车公司造成毁灭性打击的是丧失诚信。该公司置国家法律法规于不顾，忽视用户的生命安全，有意向有关部门和消费者隐瞒必须回收的零部件质量问题，最终导致发生重大人身伤亡事故。

三菱汽车公司的失信让消费者付出了生命的代价，是何等惨痛。在经济不断发展的今天，当一个企业不断做大做强时，如何在追求高利益与捍卫诚信与良知中做出正确的选择是所有企业必须面对的考验。

延伸思考

其实，任何一家企业在发展的过程中，难免会出现各种问题，而有远见和责任感的企业是绝不会用隐瞒、欺骗来解决问题的。唯有敢于面对自己的错误，积极改正，才能真正帮企业走出困境，以下几家国际知名企业就是典型的好榜样。

在美国，有不少企业应对危机的态度和方式一直被业界津津乐道，玛莎·史都华生活媒体公司、全球第一保险经纪巨头 MMC（威达信）就是其中的典型代表。这两家公司都出过大纰漏，甚至有公司高层主管被判刑，企业形象和股价都跌入谷底：玛莎·史都华本人因为涉嫌内幕交易被判刑入狱，MMC 被指控用不正当的手段欺骗客户投保高额保单，以换取巨额回扣。

这两家企业在面临重大企业丑闻和濒临破产危机的时候,没有采用隐瞒、遮掩的方式,而是诚实面对,通过和投资人以及顾客的坦诚沟通,逐步扭转了负面印象,最终重新建立品牌。例如,玛莎·史都华不曾为自己开脱,而是诚恳地认错、道歉并接受审判,最终被那些一直支持她的家庭主妇们认可,她们对玛莎·史都华不离不弃。最终,当玛莎·史都华出狱后,公司股价一路上扬,反弹至一年来的新高点,她本人还成功进入当年的福布斯排行榜,真可谓"因祸得福"。MMC 面对丑闻的方式更是干脆利落,他们同样采取诚信认错、积极改正的处理方式。同时,他们勇于面对公司的问题,痛下决心,彻底解决了现存的问题。他们提拔检察官出身的麦可出任公司执行总裁,麦可上台后,调整公司业务重心,革除公司的陋习,渐渐带领公司走出困境,再一次获得人们的认可。

由此可见,当企业面临各种危机时,唯有诚信面对、诚信解决才能真正地化解危机。想通过"隐瞒""欺骗"来糊弄消费者,结果只能让消费者失去对企业的信任,从而导致更大的危机。同学们在成长的道路上也常常会犯各种各样的错误,也会因一时大意造成不良的后果。这时,如果我们为了"面子"或"不被批评"而选择弄虚作假、编织更多的谎言,那么受害的最终将是自己。我们应当向上述两家企业学习,唯有诚信才能帮我们踏踏实实地走好人生的每一步。

参考文献

[1] 李世平.诚信故事 100 例[M].上海:立信会计出版社,2017.

[2] 玛莎·斯图尔特.玛莎原则[M].北京:首都师范大学出版社,2008.

 走近诚信:诚信故事伴我行

一个乘客的航班

　　一个人的公交车你也许坐过,但一个人的飞机你坐过吗?一个人"坐拥"整架飞机,独享整个旅途是什么样的感受呢?或许这个叫作大竹秀子的日本老太太可以告诉我们。

　　事情是这样的,大竹秀子预定了一张英国航空公司的经济舱机票,准备从东京飞往伦敦。不巧的是,在即将起飞前,飞机发生了技术故障,无法按照原定时间起飞。为了不耽误旅客的行程,英国航空公司及时安排各位乘客换乘,为各位乘客提供了尽早飞往伦敦的其他航空公司的飞机。191位乘客中的190位乘客在英国航空公司的妥善安排下纷纷改乘其他航班飞往伦敦。唯有大竹秀子坚持等待故障解除,坚持要求搭乘英国航空公司008号班机飞往伦敦。原则上,如果行程上只有单个乘客或者较少乘客,航空公司是可以取消本次飞行的,但是英国航空公司为了守信用、不辜负乘客对航空公司的信任与等待,最终为大竹秀子提供了一次全程13 000千米、历时13小时、353个飞机席位只有她一个人的飞行服务。飞行过程中,她享受到了6位机组人员、15名服务人员的周到服务以及丰盛的餐食饮料和6部电影。

　　英国航空公司为了满足乘客的需求,承受了巨大的经济损失。008号班机型号为波音747,该型号飞机每小时消耗约3 000加仑(1加仑约为4.55升)的燃料,每加仑燃料大约65美分,而燃料成本只不过是整个飞行成本的五分之一。粗略估算,该次飞行任务让英国航空公司至少损失了10万美元。对大竹秀子来说,这次飞行的性价比真的是非常高。在大多数人眼里,英国航空公司的这次飞行可谓损失惨重,但英国航空公司并不这样认为。英国航空公司一直以"为顾客提供优质服务"为宗旨,能为大竹秀子这样一位愿意一直等待他们、愿意始终如一选择他们的乘客服务是公司的荣幸。英国航空公司始终相信唯有彼此信任,才会飞得更远、走得更长,即便眼前损失惨重,只要乘客还在,未来依旧可期。

案例解读

英国航空公司是一家老牌公司,历史悠久,成立近百年,秉承为乘客提供优质服务的宗旨而闻名。在此次飞行事件中,英国航空公司不忘初心,坚持诚信的做法赢得了外界的一致好评与赞赏。英国航空公司之所以能够历久弥新,在世界众多航空公司中拥有一席之地,正是因其一切以乘客为先,信守承诺的行事作风。论语有云,言必信,行必果。全世界有许多深受民众喜爱的"老字号"企业,它们有一个共同点,那就是一切以顾客为先,尊重顾客,信守承诺,言出必行。一流企业大都会将"诚信"二字纳入企业宗旨或守则,这一点英国航空公司也不例外。

从表面上看,英国航空公司在本次飞行中损失惨重,但从更长远的角度来看,这是一次无法估价的飞行。正是因为英国航空公司一切为顾客服务的行为,在世界各国来去匆匆的乘客心中换来了一个用千金都买不来的良好形象。这一举动赢得了广大乘客的信任和认可,赢得了大量潜在客户的青睐,为未来的进一步发展奠定了基石。

延伸思考

诚信,就是这样一种可以让人们不忘初心的力量。因为诚信,企业在追求利益最大化时能不忘"尊重"二字。同样,因为诚信,企业在商业利益和社会责任面前毫不犹豫地选择后者。在日本广为流传的"一个人的车站",就是这样一个例子。

上白龙站是JR北海道·石北本线上的车站。此地格外偏僻,人烟稀少,甚至货物停运,常年亏损,几年前就计划关闭。后来,日本北海道旅客铁路公司发现有一名高中女孩需要在此站乘坐这趟车去上学时,又决定将其保留下来——只是因为她需要这班车。所以这班车在此站每天只有两趟,时间就是女孩上学、放学的时间。女孩叫原田华奈,她的母亲是一位中国人,在20年前嫁到了日本,父亲是当地的农民,管理种植150公顷的小麦和荞麦。原田华奈的家离车站并不近,所以每天家人都要开车送她到车站乘车。2016年3月,原田华奈高中毕业,车站才正式关闭。车站关闭之日,很多人自发前往车站送别,最后看一眼那趟在上白龙站只载一个人的车。

"一个人车站"之所以能感动无数人，不仅在于事情本身的美好，更在于它引发了大家对企业的社会责任感的思考。正是因为坚守了"取之于民，馈之于民"的承诺，日本铁路才能做出为一人保留车站的暖心举动。

　　无独有偶，在中国京广线上有班"袖珍"列车，几年来也一直为一群特殊的乘客免费运行着，它就是 8629/8630 次绿皮列车。它往返于湖南郴州与宜章白石渡，乘客都是卖蔬果的农民。除了火车头，该列车只有两节车厢，它是京广线上通行里程和用时最"短"的一趟列车，从始发站郴州发车，途经槐树下、坳上、太平里三个站点，历时约 1 小时到达终点站白石渡。列车在白石渡停留约半小时后返回郴州，车站不对外售票，一直坚守为沿途百姓，尤其是菜农的安全出行、便捷出行提供免费乘坐服务。这样的服务举措使沿途菜农节省了往返交通费用。这是京广线上一趟普通的绿皮车，沿途可能没有鲜花常相伴，但仍是载着菜农开往"春天里"的最暖列车。

　　通过"一个人的车站""特殊专列"，我们看到了铁路公司将经济因素置之度外，毅然扛起的社会责任，他们为一个人或者一群人的需要所进行的努力和坚守，让我们看到了一种温暖的人文关怀。这些企业不忘尽到应承担的社会责任，尊重人的发展，重视人的需要，让"人"超越经济效益，成为衡量事物价值的标准。同学们，如果整个社会都能充满这样的人文关怀，我们的生活该有多么幸福。因此，我们无论是现在努力学习还是将来为事业而奋斗，都不要忘记自己应承担的社会责任。古人说的"天下兴亡，匹夫有责"，不正是要读书人恪守这份于国于民的责任心吗？

参考文献

［1］李世平.诚信故事 100 例［M］.上海：立信会计出版社，2017.

［2］佚名.感动！日本只有一个人的车站［EB/OL］.（2016-04-07）［2021-01-10］.https://www.sohu.com/a/68064475_378136.

两瓶酒毁掉一位部长

新西兰房屋部原部长希特利曾为新西兰的经济建设做出了巨大贡献。他在任时,致力于新西兰的住房改革:一方面,打击开发商囤积土地哄抬房价;另一方面,大力开发平价房,使新西兰房价一直维持在低水平。因此,许多欧美国家的人都来新西兰购房投资,带动了新西兰经济的发展。希特利因此受到了民众的支持。在他辞职前的民意调查显示,希特利是下届总理最热门的候选人之一,被人们普遍看好。希特利本人也雄心勃勃,准备好好大干一场,并已着手筹备竞选班子。然而,一件看似不大的事却改变了希特利的命运,结束了他的政治生涯。

那天,他约朋友一起到家中聚餐。为此,他在回家路上特意去超市买了两瓶酒。当他来到收银台付款时,他却发现自己忘了带钱包,而身上只带着一张公务专用卡。他犹豫了一下,最后还是用这张公务卡买了酒。然而,第二天,他并没有将使用公务卡的事告诉相关工作人员,也没有归还属于国家的钱。相反,他对财务部谎称这两瓶酒是为了公务接待而采购。但是,一个星期后,他的谎言就被揭穿了。政府的审计员对希特利的报销账单进行审计时发现,那张购买两瓶酒的账单有些问题,便向审计长做了汇报。审计长立刻成立调查组,对这笔账单进行调查。在调查过程中,超市收银员对希特利购物的情形印象深刻,他回忆说,结账时希特利"慌慌张张的,像做贼似的"。而接待希特利来报账的财务人员也有同样的感受,他说当时希特利报账时"脸色苍白,虚汗直冒"。这些反常的、可疑的行为无疑透露了希特利内心的慌张不安。很快,希特利购酒的整个过程和用途都被调查得清清楚楚。审计部认为,这是一起公款私用、十分严重的腐败事件,直接影响到政府的信用。于是,审计部立刻向内阁会议做了报告。

很快,希特利私用公款购酒的事件被各大媒体争相报道,人们纷纷指责他的腐败行为。之前十分看好希特利的新西兰民众对他的这一行为采取"零容忍"的态度,多地民众对希特利的腐败丑闻进行大规模的游行示威。在新西兰老百姓看来,腐败不分大小多少,哪怕只是两瓶酒也必须依法追究政府的渎职和监管责任。希特利虽然退还了两瓶酒的钱,并通过媒体向公众做出深刻的道歉和反省,但在舆论发酵和重重压力下,他最终只得向总理递交辞呈,结束了自己大好的政治前途。

案例解读

希特利在新西兰可谓有功之臣。在他的努力下,许多欧美国家的人到新西兰购房投资,促进了新西兰的经济发展。然而,他蒸蒸日上的政治生涯却毁在了两瓶酒上。这不能怪新西兰百姓"不知感恩",只能怪希特利没有管住自己。因为在新西兰百姓眼里,两瓶酒的腐败是政府渎职和监管不力所致,必须追究责任。新西兰被称为"阳光下的国家",新西兰公务员能够保持廉洁、诚信,得益于政府对于公务员的严格要求以及媒体、民众对公务员的有效监督。

延伸思考

"阳光下的国家"新西兰的做法值得我们借鉴,公务人员不仅要在个人道德上讲诚信,还需要有行之有效的制度保障和全民的监督机制对其进行约束。只有这样,才能使社会更讲诚信。我们再来看看,丹麦、新加坡两个国家是如何来实现"清廉"的吧。

丹麦:用完善、公开的税务体系为"清廉"护航

丹麦在历史上就少有腐败问题。丹麦的文化里不容忍贿赂、敲诈和腐败,反腐意识已经作为一种公共道德深入人心。丹麦的刑法规定,向丹麦官员行贿是一种犯罪行为。2000年,该国刑法还把犯罪范围扩大到行贿国外官员。此外,丹麦政府每年还会花费大量人力、物力培训丹麦企业,加深它们对腐败的认识,以避免相关人员在进行商业活动时向官员行贿。

为了杜绝腐败,丹麦政府建立完善的个人所得税和财产税征收体系,财产登记部门不会允许任何瞒报的事情发生。同时,所有的公共部门都必须公开其预算和开支情况。丹麦有一个独立的机构——国家审计局,负责对这些预算和开支进行调查,研究检察是否有违规和滥用的情况发生,并把相应情况上报给丹麦议会。此外,在每年的年度预算白皮书中,每个市民都可以看到所有公共资金的分配和使用情况。所有的公共开支信息也会在互联网上公布,以供民众监督。这样的公开透明,让公务员们即使有"贼心",也没"贼胆"了。

新加坡:防腐败的严刑峻法与反腐败的国民意识

在保持廉洁之风方面,新加坡的做法很值得学习。新加坡政府制定和完善各种法规来监管公务人员的言行。新加坡的《防止贪污法》全面监督和防止各种行贿、受贿行为的发生。政府部门的工作人员如有行贿受贿的,要加重处罚,且职位越高,处罚越重。该国的《没收贪污所得利益法》严格规定:即使贪污受贿者已经死亡,也要继续追缴其贪污受贿的赃款赃物。这些法律充分彰显了新加坡政府铲除贪腐的决心。

同时,新加坡政府还努力去改变全民对待贪腐的态度和意识,从思想根源上杜绝腐败滋生的基础。20世纪70年代,新加坡的廉政之风就已经成型。至今,在新加坡人心中,对待贪腐都是鄙视的态度。贪腐的官员不仅会面临政府的制裁,还会受到全民的排挤。

这些国家的实践,让我们看到严格的法律制度、公开透明的政府信息和全民落实的反腐意识是实现"国家清廉"的重要因素。作为长期与腐败斗争的中国,我们可以学习借鉴的地方很多。中国是一个泱泱大国,想要达到全民意识的统一,可能要走的路还要长些,还要艰难些。青年学子们,国家的未来都寄托于你们身上,唯有从小知耻明礼,懂得坚守诚信的道德底线,走向社会后,才能影响带动整个社会风气的转变。相信我们在取得反腐败斗争压倒性胜利后也终将实现"清廉大国"的梦想。

参考文献

[1] 李世平.诚信故事100例[M].上海:立信会计出版社,2017.

在"无人超市"体验美式信用

近年来,随着支付技术的不断进步,中国各大超市出现了无人收款通道,顾客可扫码进行自助付款。对人力资源相对昂贵的美国来说,自助付款已经成为美国人生活的一部分。美国的"无人超市"是如何操作呢?

美国大部分超市都有两种付款通道,即人工付款通道和自助付款通道。为了更加省时省力,十几条付款通道中只有一两条为人工通道,其余的皆为自助付款通道。对于有条形码的商品,顾客直接扫码就可完成结算。对于无条形码的散装产品,如水果或蔬菜等,顾客首先在电脑上确认所购物品的名称,然后自行称重,确认金额。扫描或者称重之后,顾客要把东西放到旁边的台面上。台上放着一圈塑料袋,以便放置所购物品。台子下面有感应器,顾客所购商品如果扫描或称量完成后不放入购物袋中,机器就无法继续操作。所有东西都扫描完后,顾客可通过信用卡或现金付款。机器接着会提示拿购物清单,所有商品自动消磁,超市购物结束了。

了解美国"无人超市"的操作方式后,我们再来谈谈美国公民的社会诚信又是通过什么来维系和制约的。仅凭借美国公民的基本素质和道德约束是远远不够的,美国的大部分超市都有监控和电子防盗系统。对于因疏忽而出现一两件商品未结账的情况,超市通常不会报警,只是提醒顾客对未付账产品进行结算。对于恶意偷盗行为,超市相关工作人员首先会进行取证,然后将证据交给警察,由警局进行处理。美国各州和市政府对偷盗行为都设有不同程度的法律约束及制裁方式,尽管各州之间略有差别,但大体上都是根据被盗窃物品的金额来定罪的。在某些州,如果所盗物品的总价超过1 000美元,盗窃者就会被定为盗窃刑事罪,会被抓捕坐牢。如果价格不到100美元,盗窃者会被定为城市骚乱行为并记录在册。被记录在册者如果今后到银行贷款,会被这样的"污点"所影响,很难从银行借到钱。因此,很少会有人为了几件小东西以身犯险,毁掉自己今后的人生路。

案例解读

通过本案例,我们了解到美国无人超市的操作方式以及背后的诚信系统。无人超市的自助付款方式加快了收费速度,提高了收费效率,但无论是对超市还是对顾客来说,这都是一种考验。对超市而言,机器自动化可以减少人工成本,有利于加强企业管理,但仅靠一套自助结账系统,这一切是不能完成的。超市的运行更多依靠的是其背后完备的诚信系统以及监管制度。对个人而言,不守信用付出的将是沉重的代价,轻者将在信用记录上留下"污点",影响今后的生活以及工作;重者将面临牢狱之灾。花旗银行原副总裁汪劲先生曾经说过:"坑蒙拐骗与其说是道德问题,还不如说是个人信用体系问题。因为道德概念很抽象,而信用体系是以制度为基础的,没有信用制度,缺乏约束,美国人一样不会讲信用。如果一个美国人坑蒙拐骗,那么他就会有不良的信用记录,这个记录可能断送他一生的经济生命。"

美国"无人超市"正是基于这样的信用制度发展壮大的,美国人也因信用制度的制约而更加懂得遵守诚信,因而获得更加便捷的生活方式。

延伸思考

除了"无人超市",美国的很多规定和制度都建立在信用的基础上,而且不诚信行为的代价是巨大的。

有个在美国留学的中国年轻人说过这样一件事:那时她刚到美国不久,为了看望一个朋友,她开车从华盛顿去波士顿。第一次在美国出远门,她经验不足,回来的路上遇到了麻烦。在最后一个高速公路收费站,一位工作人员告诉她,应交费 2 美元。可一翻钱包,里面只剩下 1.75 美元。这可怎么办?无奈,她只好壮着胆子对工作人员说:"对不起,我只剩 1.75 美元了。"本以为工作人员会冷酷地指责,没想到,工作人员连眉头都没皱一下就说:"没关系。"接着,这位工作人员递给朋友一个信封,嘱咐她按照信封上的地址把 0.25 美元寄给他们。回家一看,信封里有个说明,必须在 3 天之内寄出,否则将被罚款几十美元。区区 0.25 美元,她并没有记在心上。接下来又临时接到出差的任务,付款也再次被搁置了。半年后,她收到了个人信用调查公司的信件,通知她因没有在期限内付款,0.25 美元已变成不可去除的信用"污点"。她后悔不已:在美国,如果信用记录存在"污点",那么贷款买房、找工作、办信用卡,甚至付水电费都会变得特别困难。没想到 0.25 美元的失信,却成为无法挽回的个人"污点"。

美国社会生活中的"守信意识"值得我们学习借鉴。同学们,作为国家未来的建设者,我们应当从小事做起,从身边做起,踏踏实实践行诚信的观念。无论是生活中的大小规则、自助付款、信用消费,还是在学习中的作业、考试、论文写作,一言一行都要信守承诺、恪守规则,为我国日趋完善的诚信体系贡献自己的一份力量。

参考文献

[1] 李世平.诚信故事100例[M].上海:立信会计出版社,2017.

哈佛大学的诚信观

哈佛大学成立于1636年,是美国历史最悠久的高等学府之一,在文学、医学、法学、商学等多个领域拥有较高的学术地位及广泛的影响力,被公认为当今世界最顶尖的高等教育及研究机构之一。建校以来,哈佛大学共培养了8位美国总统,走出了160位诺贝尔奖得主,一代代哈佛人书写了一个又一个传奇。那么,究竟是怎样的力量让哈佛大学可以跨过几百年的风风雨雨,至今仍屹立在学术界的顶端?下面这个故事或许能揭示部分答案。

在哈佛大学,有这样一个广为流传的故事:18世纪60年代,哈佛大学有一批珍贵的图书收藏在校内某一个图书馆中。学校规定:学生只许在馆内阅读这些书,绝不允许带出馆。有个学生不知出于什么原因,将其中一本藏书带出了馆。不久,这个藏有珍贵图书的图书馆意外失火,馆内藏书全被焚毁,没有人知道仍有一本书留在这个学生手中。在大家万分沮丧时,这个学生经过艰难的抉择后,勇敢地站出来,将带出馆的藏书交到校长的手中。面对这"失而复得"的孤本,众人都分外欣喜,但哈佛大学校长的做法却令众人大吃一惊。他在当众表扬了该生后又当众宣布了开除该生的决定。面对人们的各种议论,哈佛大学校长表示:该生保留了学校最珍贵的书,理应得到赞赏;但他违反了校纪,理应被学校开除,因为校规不可违,校规面前没有特殊。据说这个学生离开哈佛大学后又考取了哥伦比亚大学,攻读法律专业,最终事业有成。当他谈到自己人生的成功经验时,他始终表示非常感激在哈佛大学的经历,并认为自己后来的成功之路,与当时的诚实和勇敢是分不开的。

案例解读

以上故事的真实性虽然存疑,但几百年来,哈佛人在学术诚信上做出的努力是毋庸置疑的。哈佛大学对诚信的重视、对规则的坚守无疑是它能历久弥新,至今依然焕发勃勃生机的重要原因之一。这个学生虽然无意中为学校保留了不可复制的珍贵图书,却仍需为他违反校规付出代价,哈佛大学的"无情"恰恰是它对学生负责的体现。正因为有了这种公正严格的管理制度，有了"铁面无私"的管理人员，哈佛大学才能让学生时刻意识到诚信的重要性，帮助学生树立正确的道德观和价值观。

延伸思考

科研诚信与学术规范本应是所有学术研究者不可抛却的底线。然而，在功利心的驱使下，如何恪守学术诚信却成了当今所有高校都要面对的严峻挑战。近年来，我国不少高校频频爆出学术造假的丑闻，我国科研诚信治理势在必行。在这一问题上，美国不少知名院校的做法值得借鉴，传统的学生荣誉制度就值得我们关注。

1842年，美国弗吉尼亚大学要求学生签署的考试诚信声明，经过其后的完善和拓展，创造了弗吉尼亚大学荣誉准则制度，开创了美国高校学生学术诚信教育的先河。从此，学生荣誉制度就逐渐被推广，成为美国高校学术诚信治理的传统制度。传统的荣誉制度包含四个要素：实施无监考考试；学生签署书面誓约，声明未在考试或作业中发生失信行为；学术失信行为听审过程由学生团体主导；学生有责任向相关部门报告其他同学的失信行为。例如，田纳西大学会在每次考试时，在试卷的封面上印上这样一条荣誉誓言："田纳西大学的一个根本特点，就是有责任保持知识纯洁和学术诚实。作为大学的学生，我发誓在学习研究中既不向他人提供也不接受他人任何不适当的帮助，以此誓言声明我个人对学术荣誉的义务。"又如，爱荷华大学会反复强调学校的荣誉誓言，以确保学生作业的独立性以及科研成果的纯洁性。誓言内容如下："我保证此课题作业成果为我本人完成，没有欺骗、剽窃、伪造、虚假以及违反其他任何学术规范的行为，我清楚不遵守这个承诺将导致零分成绩，并被通报系主任及相关学术部门。"再如，著名的普林斯顿大学作为美国最早实行荣誉准则制度的高校之一，其准则的确立、准则内容以及运行机制都非常具有代表性，是传统荣誉制度的典范。为了避免学生做出学术不道德行为，普林斯顿大学会给所有即将被录取的大一新生寄一份关于学校荣誉守则的信。信里介绍了该校在学术规范上的严格要求，并要求学生做出自己的选择。如果学生在信上签名，那么就默认其已知晓并将遵循学校关于学术诚信的要求；如果学生不签字，将不得注册入学。除此之外,普林斯顿大学还在学校网站上设立了一个网页,向全体学生介绍学校对学术规范的具体要求以及学校学术规范的状况等情况。

当然,美国大学传统的学生荣誉制度主要建立在学生个体的道德自律和群体诚信氛围对个体产生的道德他律上。哈佛大学在2014年开始实施的荣誉准则制度则与时俱进,更加规范和严格。该校要求所有本科生在期末考试中签署以下声明:"我证明我的学术工作诚实,并确认符合哈佛学院荣誉准则。"与传统荣誉准则制度不同,在所有期末作业,包括最终的项目、带回家的考试、课内的最后作业以及学术论文,学生都被要求在提交作业的同时附上对"荣誉准则"的接受声明。此外,学生还被要求在诸多情形与场合确认其对荣誉制度的认可和接受,例如,新生在入校时即被要求对如何维护"荣誉准则"做出简要回答;随着对荣誉制度理解的加深,学生还可对其进行定期更新和修改;学生在每两年进行的电子注册中,也被要求阅读"荣誉准则"并签字,表明他们对"荣誉准则"的知晓,并承诺遵守学术诚信标准。哈佛大学既重视宣传教育,也重视调查惩戒。在宣传教育方面,哈佛大学在网页上开辟专栏,公布相关手册和学术规范,通过线上和线下的学术课程开展科研诚信教育;在惩戒方面,哈佛大学明确处理机构、完善调查流程、保持举报畅通和促进多元参与。总之,哈佛大学的科研诚信治理从教育入手、以惩戒矫治,事前和事后相配合的治理路径不仅有助于早预防科研不端,也有助于早发现、早惩戒,从而形成一个完整的治理闭环。

从弗吉尼亚大学到哈佛大学,美国大学的学生荣誉制度经过不断完善,在"理性"规约与"感性"教育的结合下,增强了有效性。"理性"体现在各种规章制度的"契约"模式,明晰责、权、利及处罚方式,这是基于制度完善和社会监督的法治诚信模式;"感性"体现在诚信制度的实质旨在帮助学生确立基本的道德观、荣誉感和责任感,养成良好的学术诚信习惯。这是非常值得我国高校借鉴的。我国高校对学生学术不端行为的防治也可从制度化建设和诚信教育两个方面推进。

同学们,对一个自古就把诚信视为美德的国家来说,我们的民族精神一直倡导自律自省,我们理应继承和发扬中华民族"持诚求真"的传统美德,严谨治学、不弄虚作假。唯有这样,才能真正推动我国科研事业良性、蓬勃发展。在这一点上,我们每个人都责无旁贷。

参考文献

[1] 李世平.诚信故事100例[M].上海:立信会计出版社,2017:272-274,283.

[2] 崔理华,张红伟,孙岳.世界一流大学科研诚信治理体系的特征及启示[J].科学与社会,2020(2):111-121.

[3] 张银霞.重新认识美国高校学生荣誉制度促进学术诚信的有效性[J].比较教育研究,2018(9):75-79.

[4] 杨柳群.美国大学生学术不端防治与启示[J].长江师范学院学报,2019(6):96-101.

诚信天下篇总结

　　这些来自国外的诚信故事让我们看到诚信是没有国界的。古往今来，在世界上任何地方，无论是个人还是国家，无论是政治家、科学家还是文学家、艺术家，各行各业，名人名企，都把诚信视为美德中最基本、最可贵的品质。如今，世界各国更加重视诚信的作用，都在为完善国家的诚信体系而努力。大家都意识到，诚信为人、诚信处事、诚信治国是一个人、一个国家能长久立于不败之地的关键。随着互联网等技术的不断发展，信息传播的速度加快。在这样的时代背景下，失信行为将更快地被大家发现并谴责，同样，守信的美好品行也将更广泛地被人们认可和传扬。本篇中提到的国外的诚信故事，内容涉及个人信誉维护、企业生存发展、政府职能部门的清廉意识、国家民族的对外形象等多个方面，从不同的角度展现了世界上各国政府、企业、管理者和普通民众是如何来看待诚信、维护诚信的。我们既看到有的知名企业因失信而毁于一旦，多少代人的心血，多少员工的付出就因个别人的失信而付之东流，也看到了有的管理者在最艰难的日子里恪守诚信，带领企业摆脱困境、走向辉煌；我们既对那些本应前程似锦的人因为贪图一时之利，抛弃诚信，弄虚作假，最终锒铛入狱而唏嘘不已，也为那些本可以轻松生活的人却挑起重担、守信到底的精神而感动。

　　国外的诚信故事也为我们建设自己国家的诚信体系带来了许多经验和启迪。我们可以看到，西方国家主要依靠完善的诚信体系和严格的法律来规范监管人们的行为，从制度上保证人们对诚信行为的坚持。当然，随着我国法律制度的愈加完善，我们的诚信体系也日趋完善。相信在不久的将来，在道德教育和法律制约的双重保障下，我们也终将实现具有中国特色的"诚信强国"之梦。

　　同学们，随着我们从青涩懵懂走向成熟稳重，除了用各种知识、能力来武装自己，还必须要牢牢守住个人诚信。它是帮助我们适应千变万化的世界的法宝。一旦丢了它，人就会陷入泥淖之中，无法自拔。让我们成为一个讲诚信的人，守信一定会让我们在人生之路上走得更自信、更踏实！

走近诚信：诚信故事伴我行

思考题

1. 在《拿破仑的玫瑰诺言》一文中，法国政府是否可以不用兑现拿破仑的承诺？毕竟那是拿破仑个人的事，对法国政府为拿破仑的诺言买单的行为，大家怎么看呢？

2. 著名作家司各特宁可又累又苦地工作还债，也不愿接受别人的免债提议来获取更多写作的时间。对他这种固执的选择，你怎么看？

3. 古语云："大行不顾细谨，大礼不辞小让。"国外相关机构对"忘还了0.25美元""一时贪念用公款买了两瓶酒，之后补上了酒钱"这样的小事追究到底、怎么都不罢休的行为是不是太不近人情、太"拘小节"了？

诚信体验活动

安 全 圈

一、指导语

请各位同学围成一个安全圈,保护好你们的小伙伴吧!

二、活动步骤

1. 全体参与者围成圈。

2. 一位队员扮演"盲人",闭上眼睛,戴上眼罩,保持双手交叉抱肩的保护动作。

3. 由旁边的另一位队友用适度的力量把"盲人"推送出去。

4. "盲人"在圈内直行,当走到圈边某位队员的面前时,这位队员要伸出双手稳稳地扶住"盲人",然后把"盲人"稍微转一个方向,再次推送出去。

5. "盲人"在第二次被人扶住后,就可以摘下眼罩,由下一位队友去体验当"盲人"的感觉。

三、问题讨论

1. 作为"盲人",刚蒙上眼睛时,你的感受如何?

2. 当有同伴扶着你的时候,你有什么感觉?

3. 在圈内行走时,你是怎么想的?心里的想法有没有发生变化?

四、注意事项

1. "盲人"在圈内行走时不要太快。

2. 在推送"盲人"出去时,力量不宜太大,否则"盲人"会摔倒,也不要太轻,否则"盲人"感受不到队友的支持力量。

3. 不要让"盲人"从圈的间隙中漏出去。

参考文献

[1] 罗家永.心理拓展游戏270例[M].福州:福建教育出版社,2014.

地 雷 阵

一、指导语

你信任你的伙伴吗？在团队中你是否是一个诚实可靠的人呢？通过"地雷阵"，你就知道啦！

二、活动步骤

1. 用绳子在一块空地上圈出一定范围，撒上各种玩具（如娃娃、球等）作为障碍物。

2. 学生两人一组，一人指挥，另一人蒙住眼睛。正式开始前，两人可以进行沟通。

3. 指挥者站在线外指挥。

4. 蒙住眼睛的成员听同伴的指挥通过"地雷阵"，在此过程中只要踩到任一玩具就要重新开始。

5. 指挥者只能站在线外，不能进入"地雷阵"，也不能用手扶伙伴。

三、问题讨论

1. 各位同学在通过"地雷阵"的时候有什么感受？

2. 游戏过程中的沟通与平时你跟其他人的互动有什么区别？

3. 若再有一次机会，你觉得还可以加强些什么？

四、注意事项

1. 不可以将尖锐或坚硬物作为障碍物。

2. 不可以在湿滑的地面上进行活动。

3. 需要注意人员安全。